Peter Boerboom und Tim Proetel

Licht: Illusion aus Hell und Dunkel

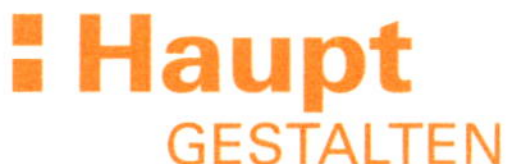

Peter Boerboom und Tim Proetel

Licht: Illusion aus Hell und Dunkel

Wie kommt das Licht in die Zeichnung?

2. Auflage

Haupt Verlag

Die Illusion von Licht

Licht zu zeichnen, das ist zunächst widersinnig; denn ist die Zeichenfläche hell, macht jeder Strich das Papier dunkler, als es ist. Doch Licht im Bild ist viel mehr als reine Helligkeit. Erst die Schatten, der Wechsel aus Hell und Dunkel, gestalten es, schaffen Raum und Atmosphäre. Die Beleuchtung bestimmt, was gesehen wird und was verborgen bleibt – und was erahnt werden kann.

Die Sonne scheint seit jeher auf die gleiche Weise und beleuchtet die Dinge heute nicht anders als vor tausend Jahren. Und dennoch sind die Wahrnehmung und die Darstellung von Licht einem enormen Wandel unterworfen. In Europa ist erst die Malerei der Neuzeit entschieden auf das Phänomen aufmerksam geworden, in den Werken Caravaggios und Rembrandts avancierte die Beleuchtung schließlich zum wichtigsten Mittel der Bildgestaltung. Der spezifische Charakter des Lichts im Bild entscheidet darüber, wie wir ein Motiv wahrnehmen: als überschaubar und deutlich, als geheimnisvoll und aufregend, als schmeichelnd oder aggressiv. Das Licht erweckt die Dinge und Räume zum Leben.

Wie kommt das Licht in die Zeichnung? Diese Frage stellen wir auf jeder Seite dieses Bandes. Unser Weg führt von der scharfen Kante des kräftigen Kontrasts aus tiefem Schwarz zu reinem Weiß bis hin zum weichen Übergang aus vielen Nuancen von Grau. Verschiedene Lichtquellen und der Charakter von Licht sind Themen dieser Sammlung, ebenso wie das Modellieren von Körperschatten und die Konstruktion von Schlagschatten. Auf Oberflächen entstehen Texturen und Strukturen, sie beginnen zu glänzen oder transparent zu werden. Im Leuchten und Schimmern von Punkten, Strichen, Flächen und Flecken spüren wir auch der symbolischen Bedeutung von Licht nach.

1. Lichtquellen

Am Ursprung des Lichts ist Energie. Der Blick in Lichtquellen ist unangenehm und manchmal schmerzhaft. Ist das Licht unterwegs, macht es sich unsichtbar, die Lichtwellen selbst sind für das Auge nicht zu sehen. Erst wenn es irgendwo auf Materie trifft, auf Staubkörnchen, den Mond oder die Erdoberfläche, wird es von dort reflektiert und tritt wieder in Erscheinung. Jeder Lichtursprung, natürliche Lichtquellen wie die Sonne und der Blitz oder die vom Menschen geschaffenen künstlichen Lichtquellen, sendet sein eigenes charakteristisches Licht aus. In jedem Fall braucht das Licht etwas Dunkles um sich herum. Entweder das Dunkle wird gezeichnet – und das Weiß bleibt frei – oder helle Farbe überdeckt einen dunklen Grund.

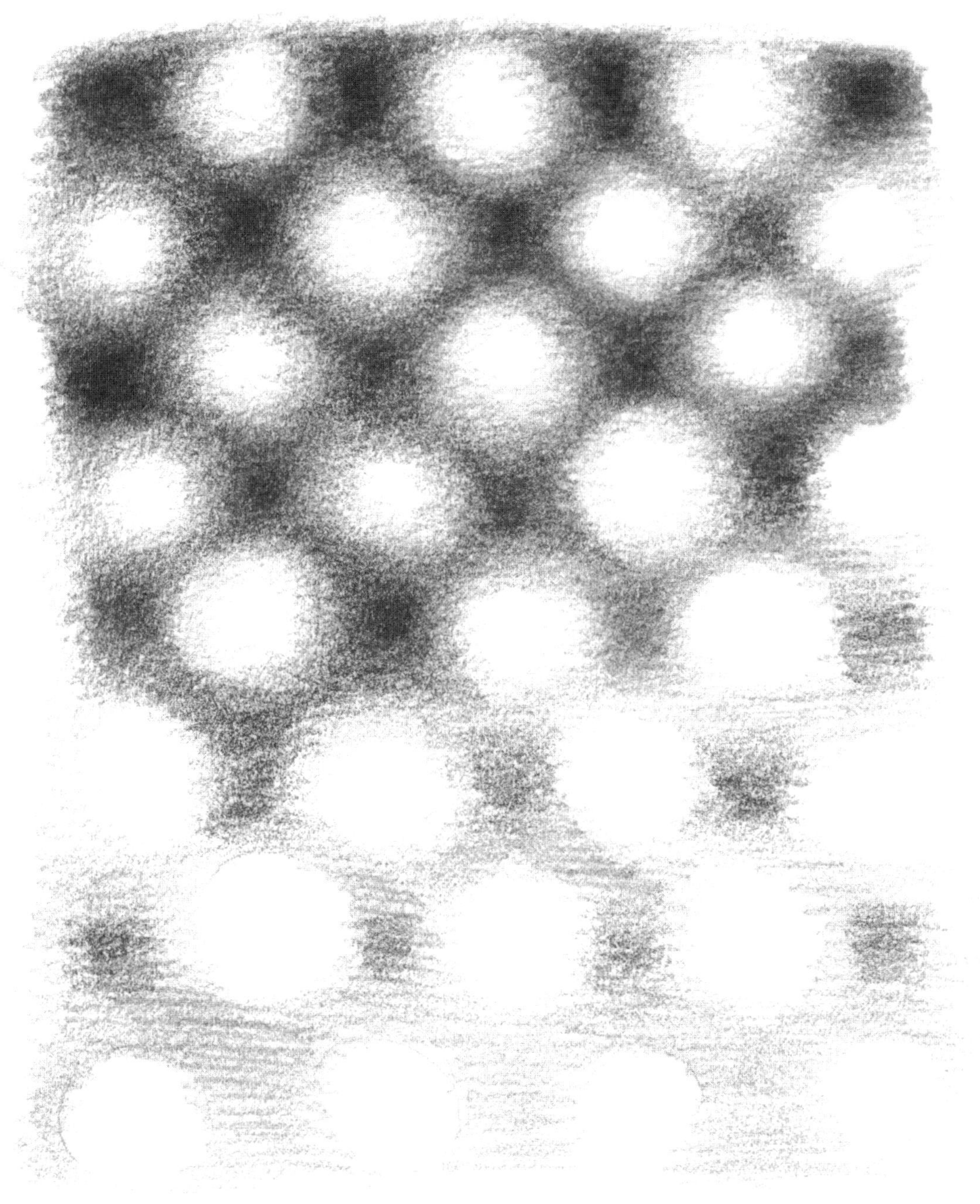

Erst die Dunkelheit bringt die Lichter zum Leuchten.

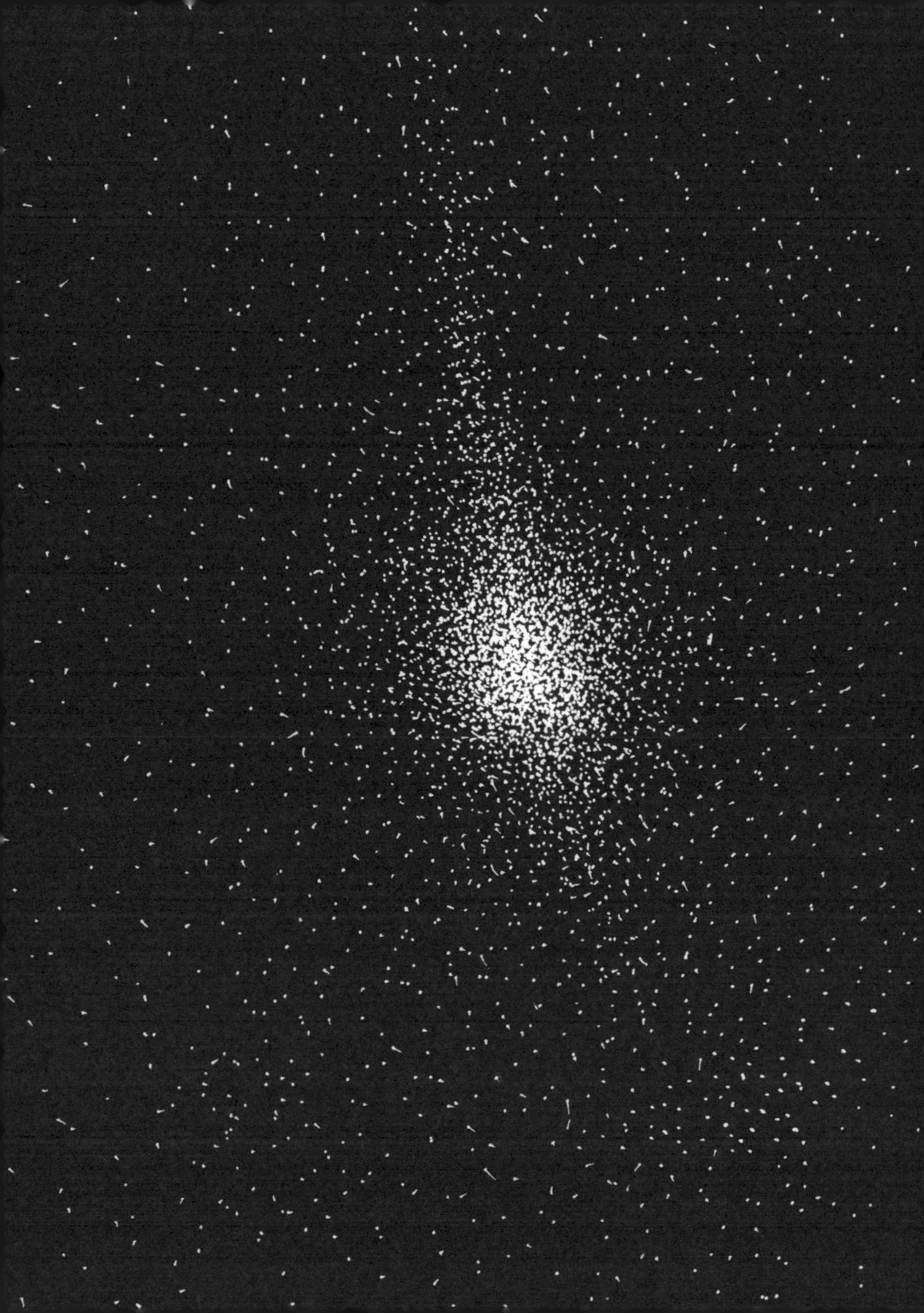

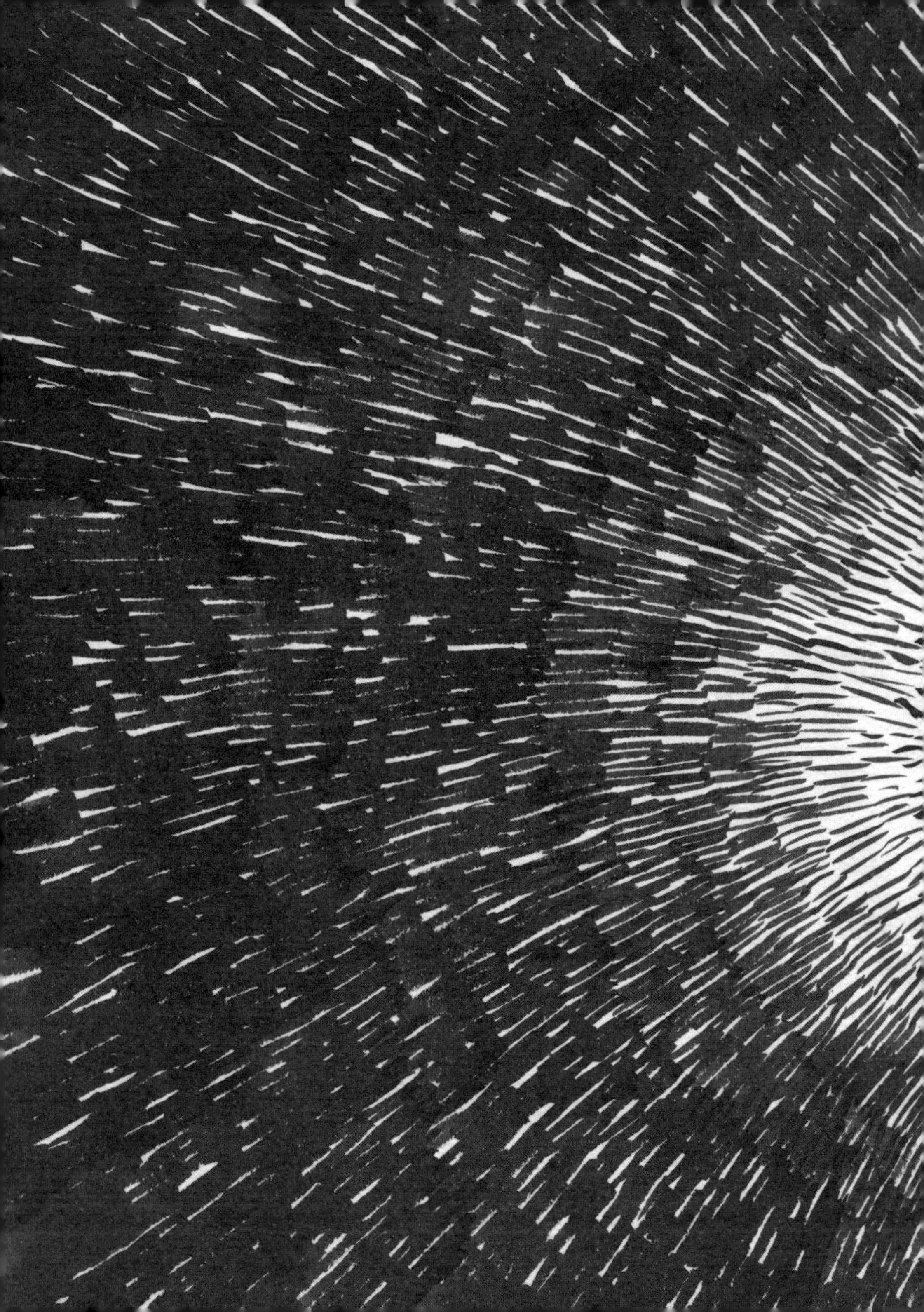

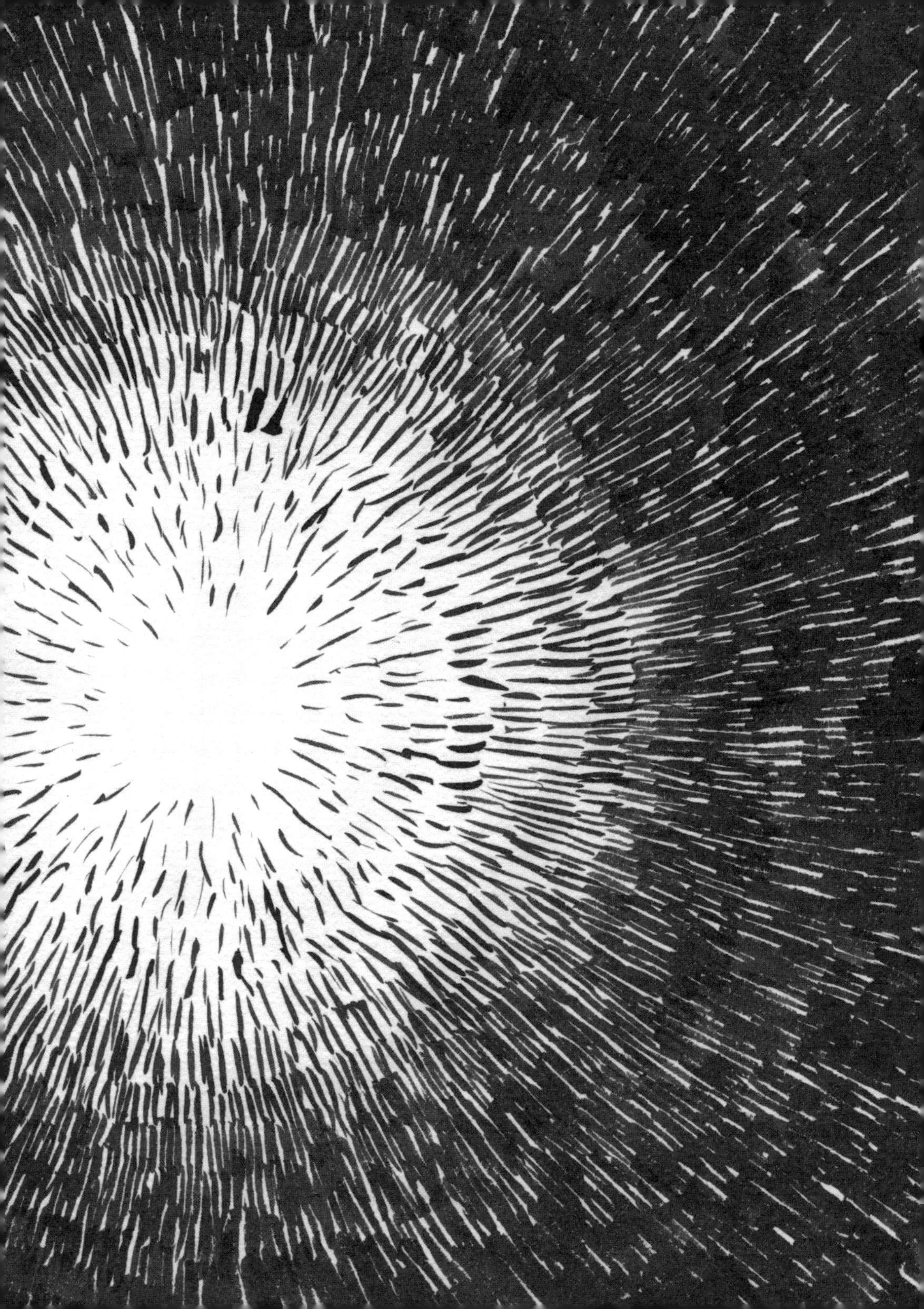

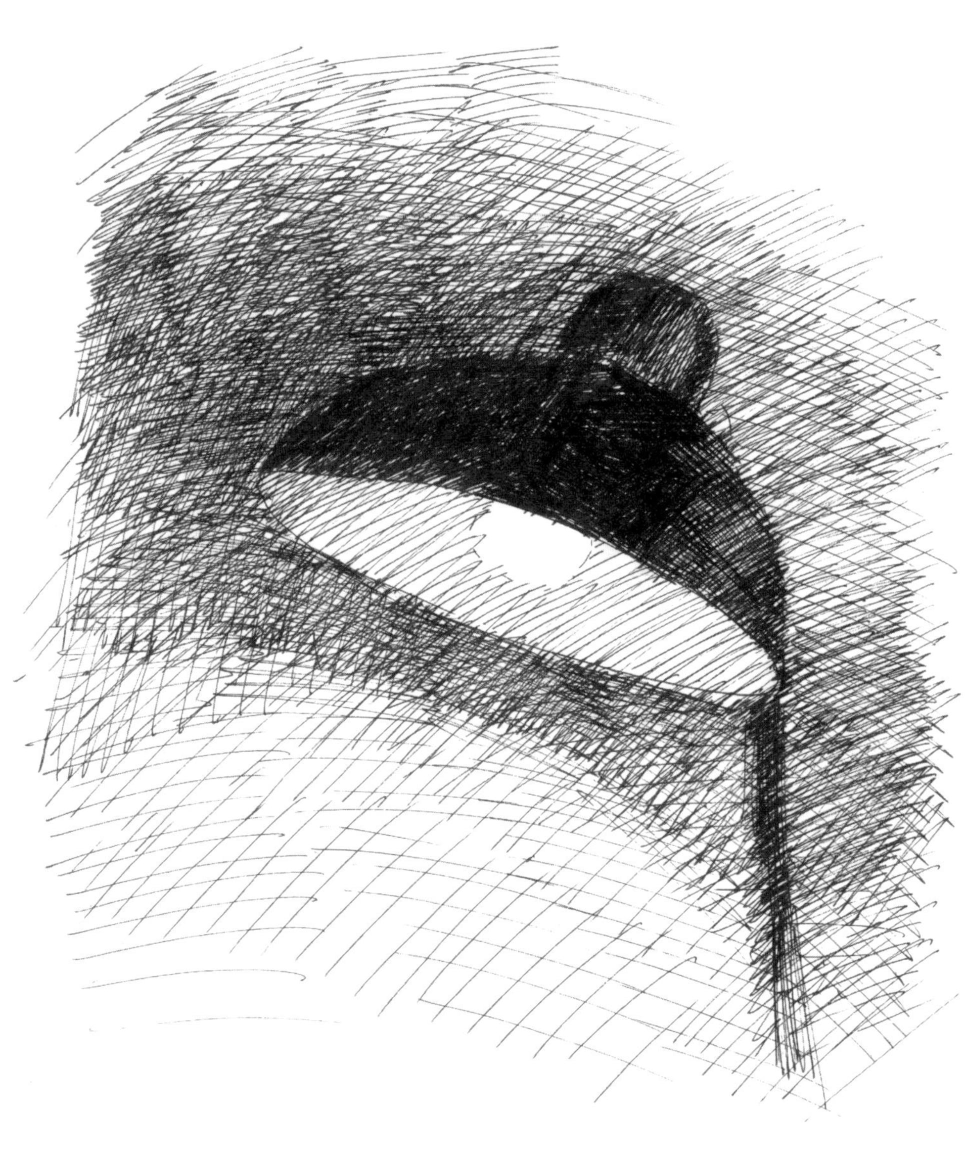

Kräftige Kontraste sorgen für Licht.

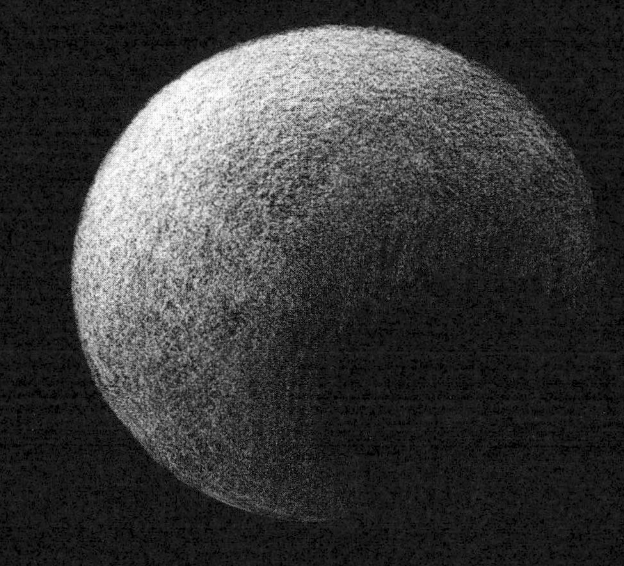

Hell vor Dunkel: Licht schafft Aufmerksamkeit.

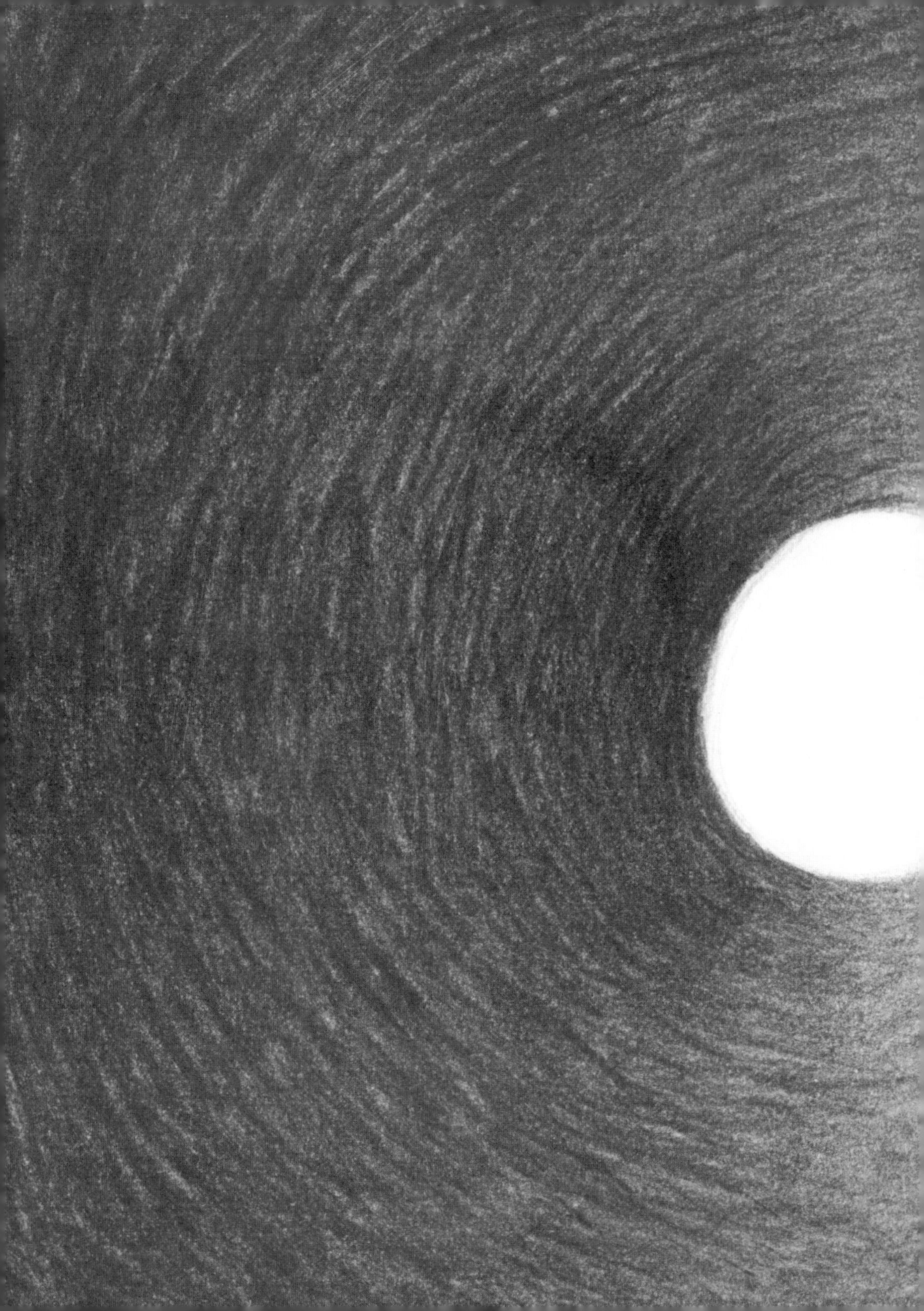

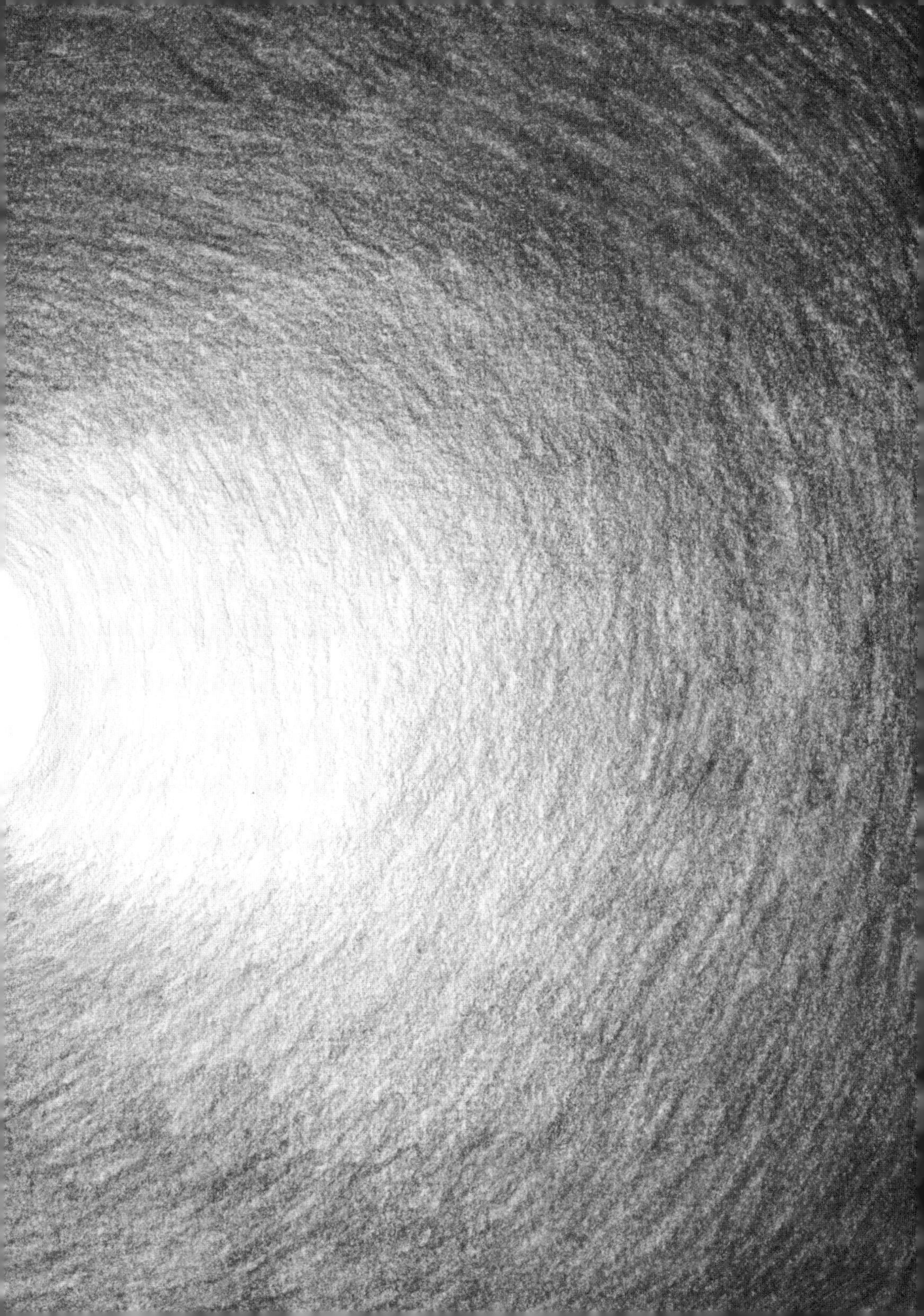

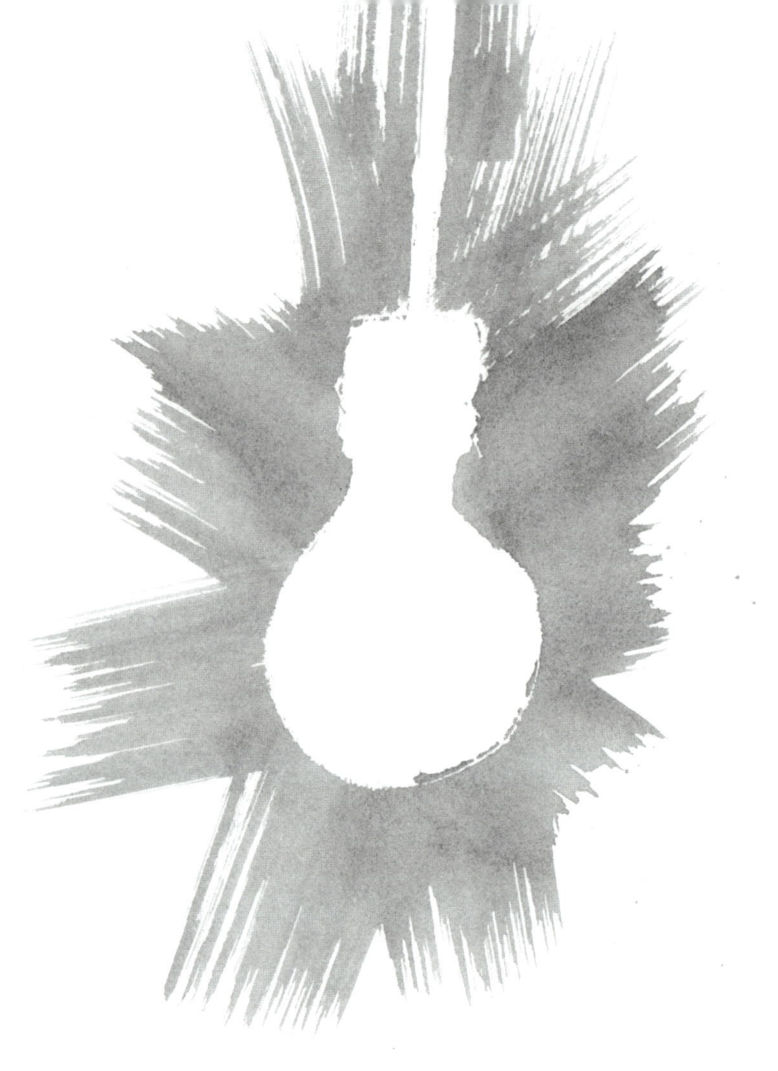

Eine Schablone deckt ab, was hell bleiben soll.
Einfach flüssig darübermalen.

Der Strahlenkranz wird mit einem Pinsel mit ganz wenig schwarzer Farbe gemalt.

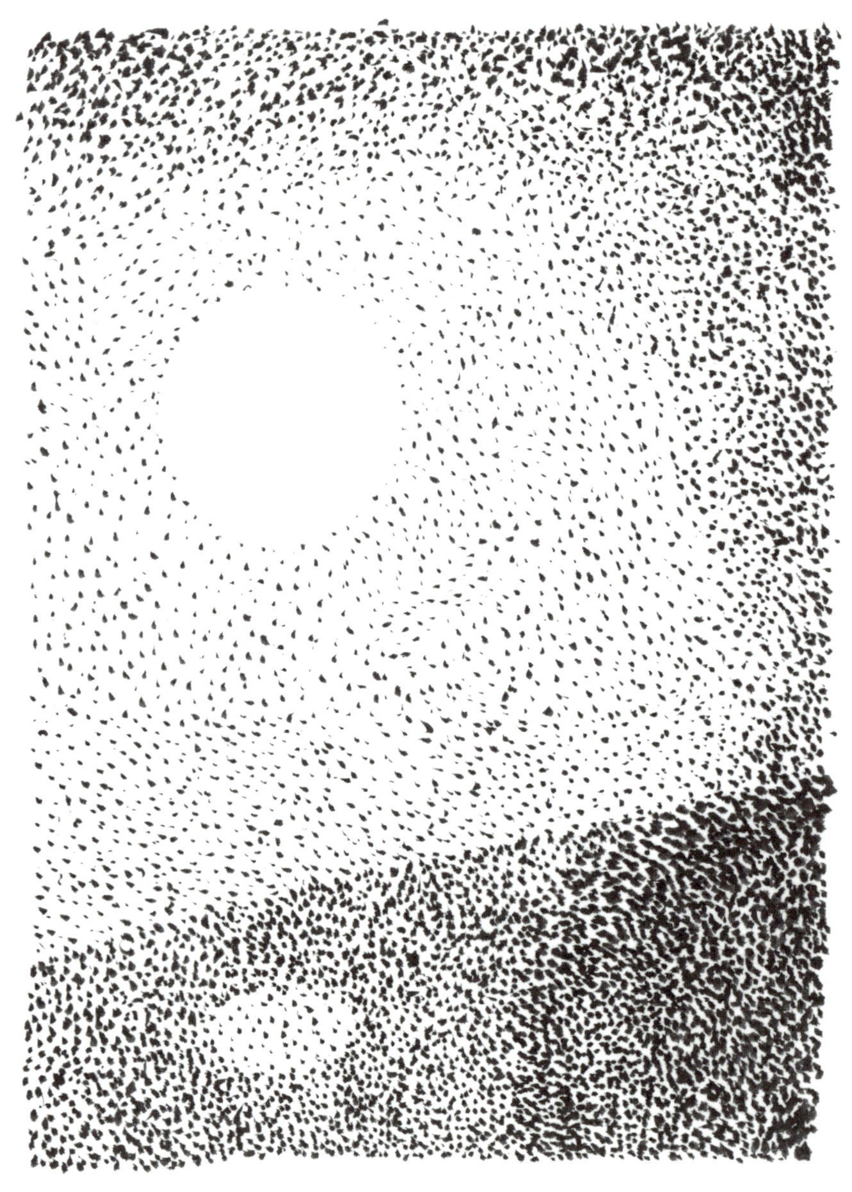

Die pointillistische Idee:
Die Konzentration der Rasterpunkte variiert.

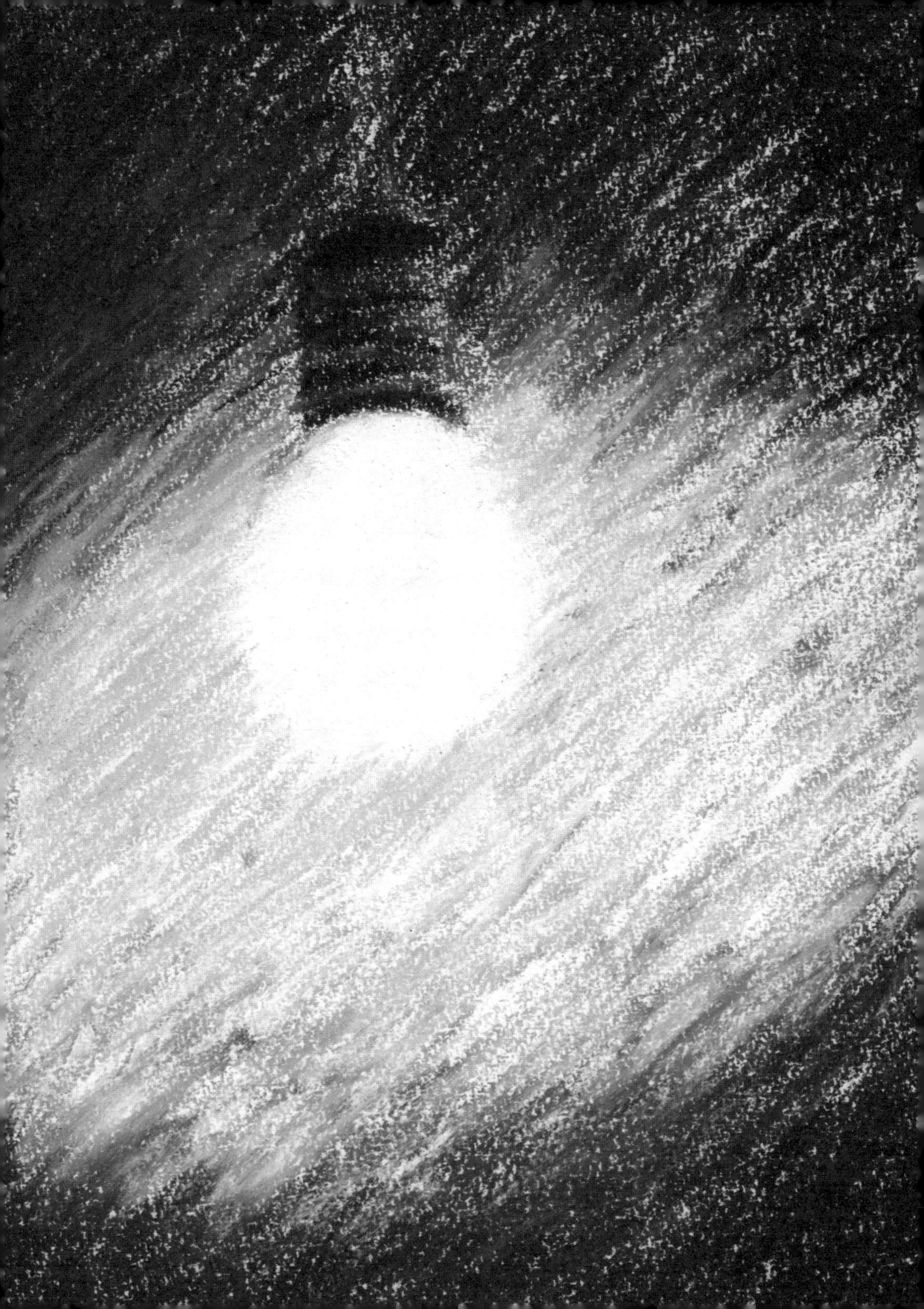

2. Lichtcharakter

Über die Wirkung des Lichts entscheidet nicht nur die Art seiner Quelle, sondern auch die Richtung, aus der es kommt, und der Weg, den es nimmt. Da das Licht in der Natur grundsätzlich von oben einfällt, wirkt eine Beleuchtung von unten irritierend; auch vertraute Gesichtszüge muten dann fremd, ja diabolisch an. Hart von der Seite, wirft eine tief stehende Sonne dramatische Schatten. Ist der Himmel verhangen, sind kaum Schatten vorhanden und die Dinge erscheinen nüchtern und sachlich. Ganz im Gegensatz zum Gegenlicht: Es erhöht und mystifiziert die Figur, die sich zwischen Betrachter und Lichtquelle schiebt.

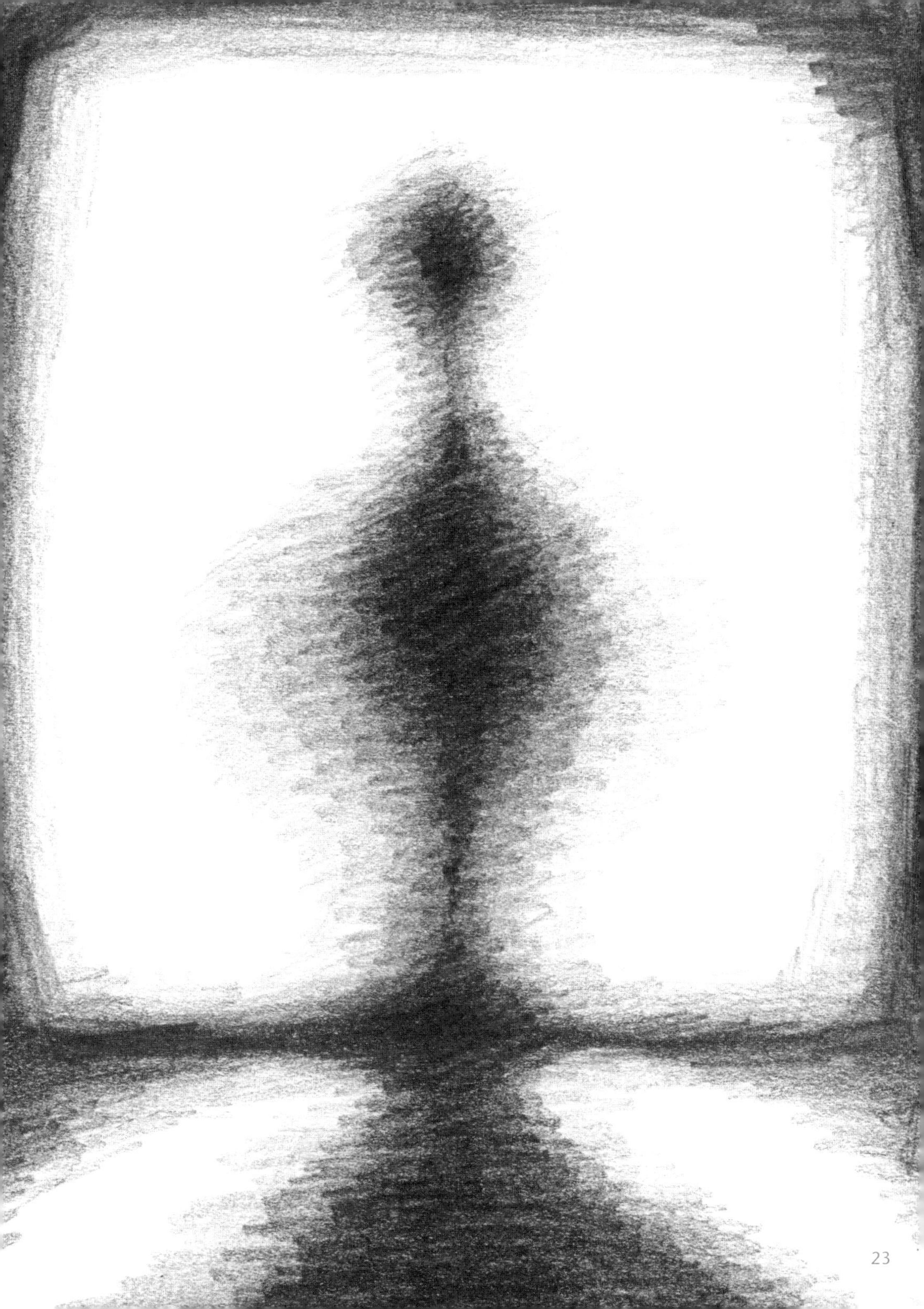

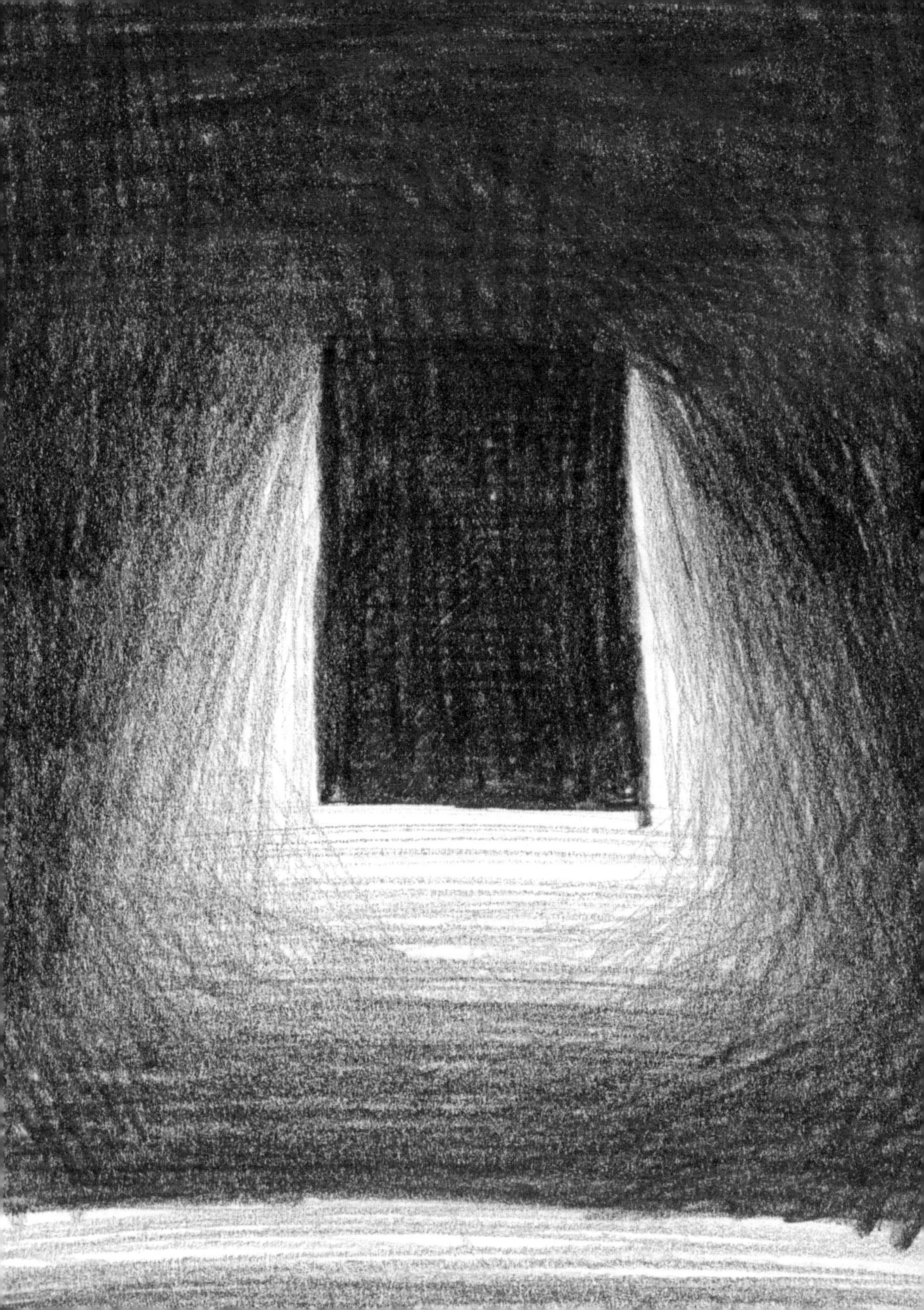

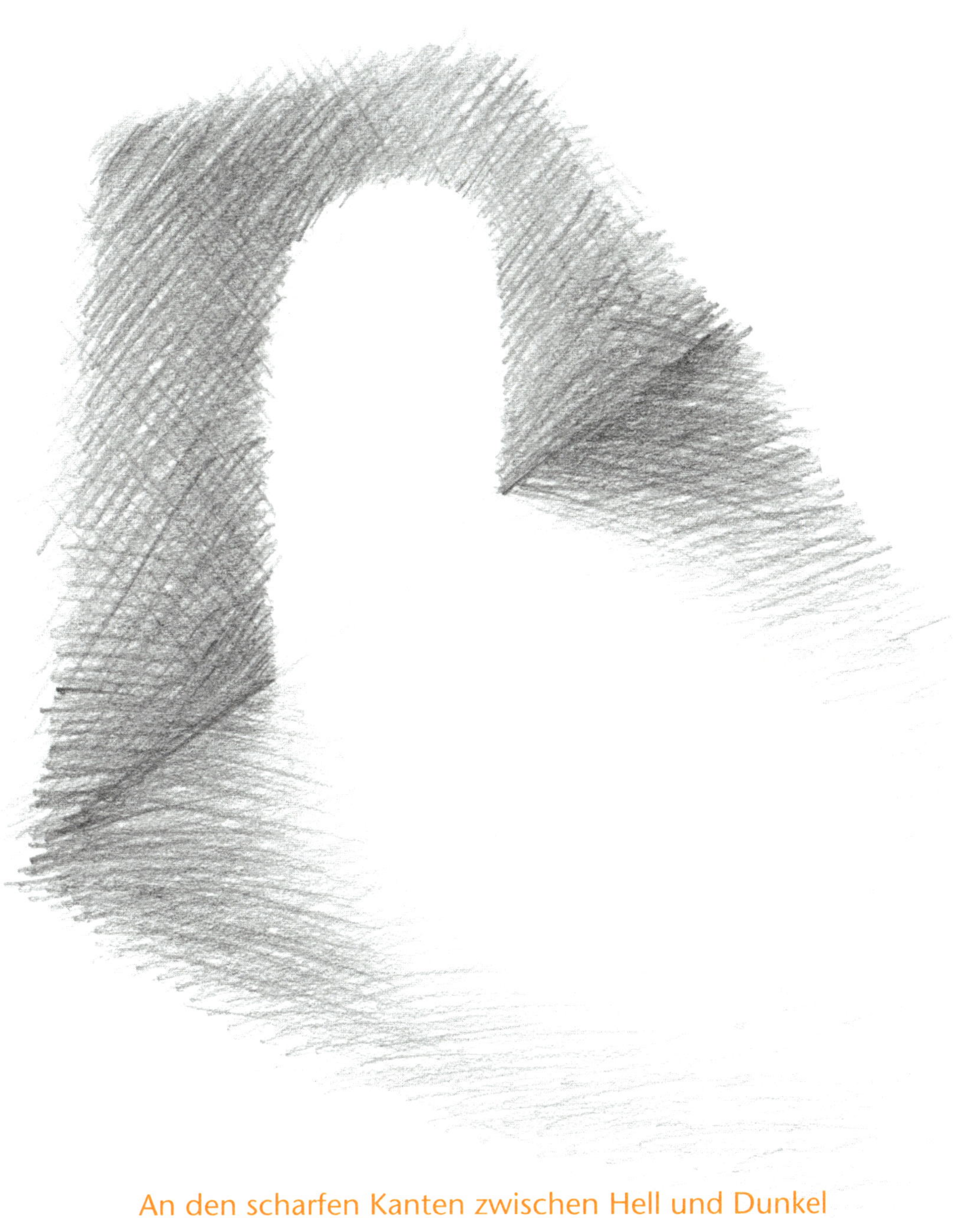

An den scharfen Kanten zwischen Hell und Dunkel sind konkrete Formen zu erkennen, in den weichen Übergängen breitet sich Streulicht aus.

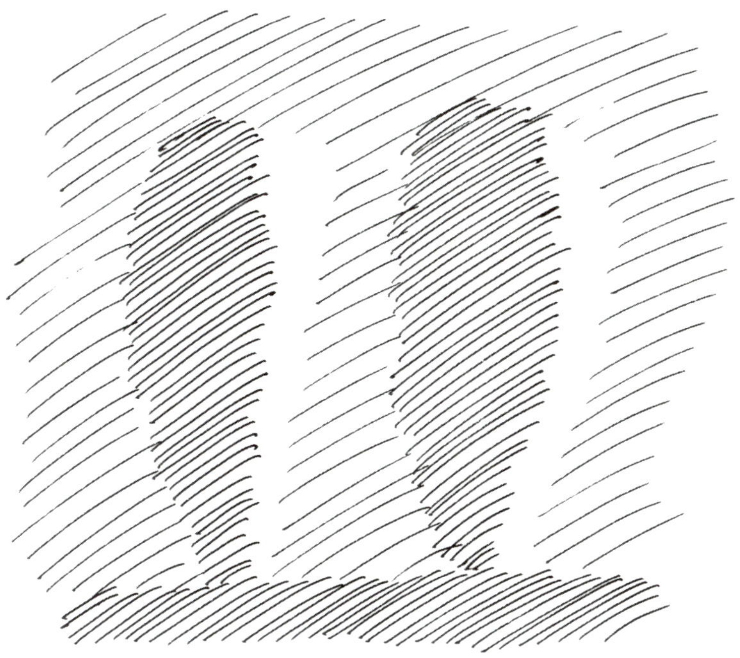

Hartes Licht macht die Form holzschnittartig prägnant, aber flach. Abgestufte Grauwerte geben dem Raum Tiefe.

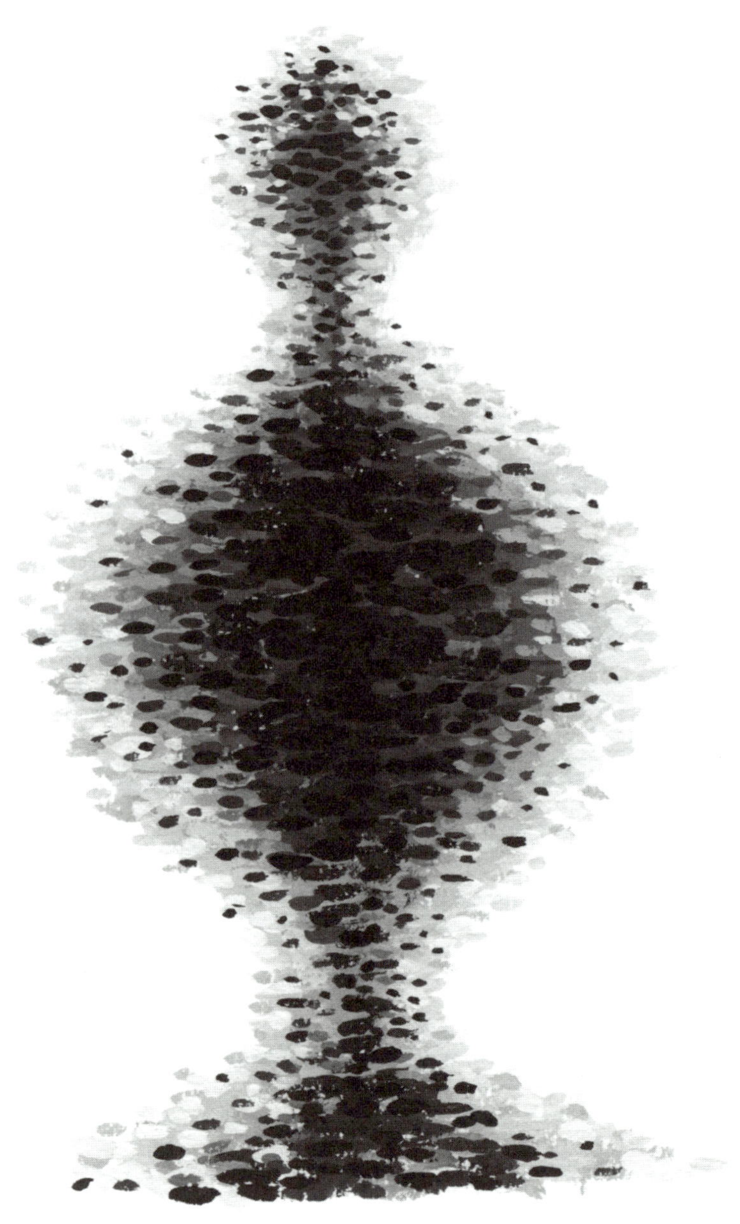

Gegenlicht und starkes Seitenlicht:
Tiefe Lichtquellen flirren und dramatisieren.

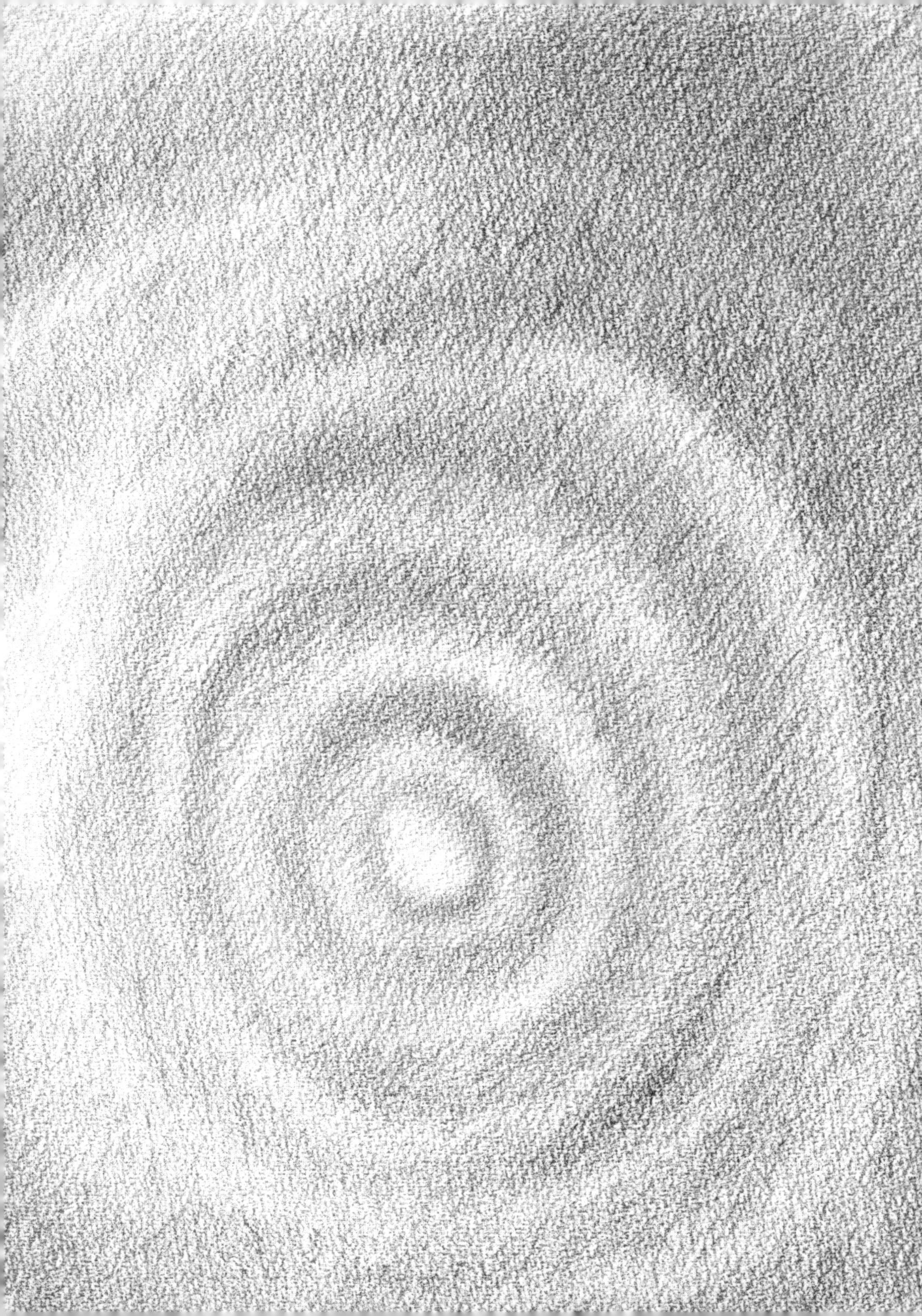

Diffuses Licht schwächt die Kontraste ab und macht die Oberflächen weich.

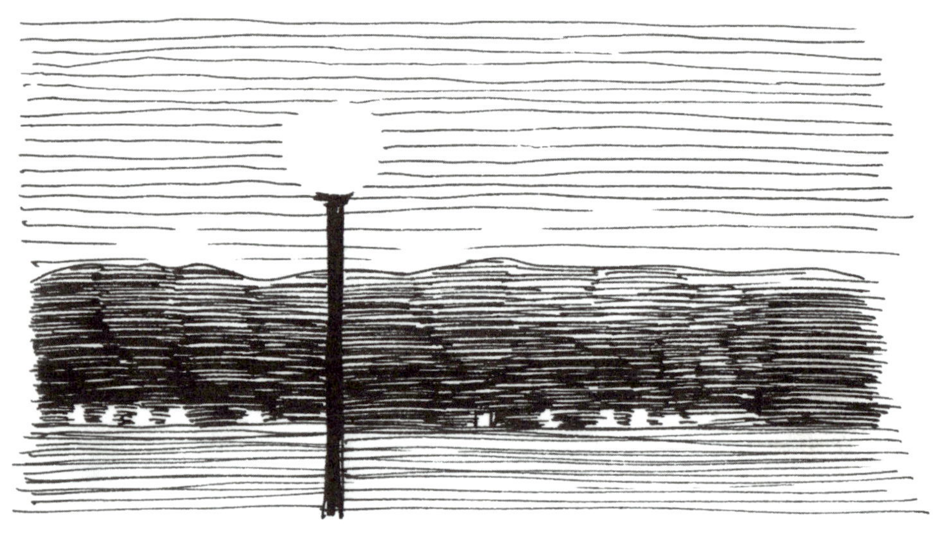

In der blauen Stunde sind künstliche Lichtquellen
und der Rest an Tageslicht im Gleichgewicht.

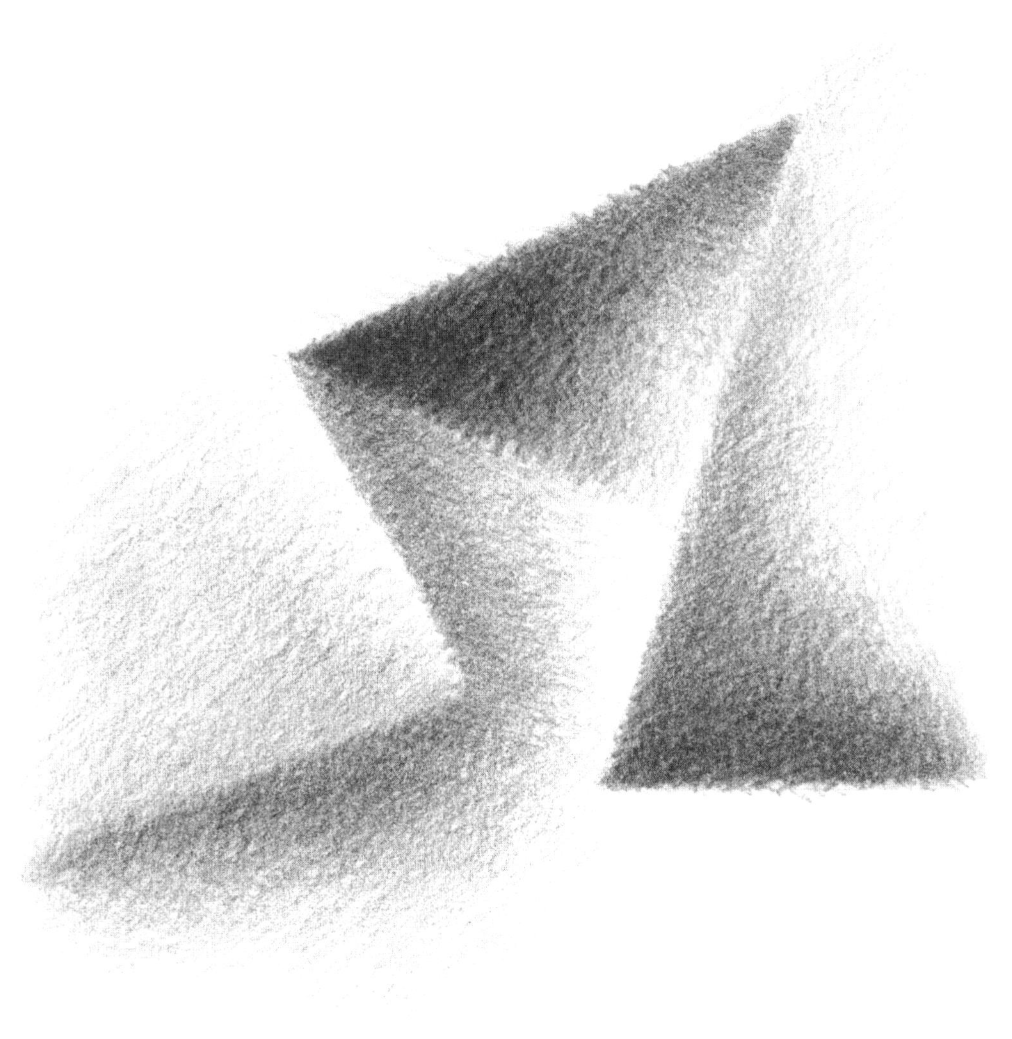

Überstrahlte Kanten, ein Glimmern und Leuchten.

Verläufe sind Übergänge vom Hellen zum Dunklen.
Die Konzentration der Striche oder die Mischung von
Schwarz und Weiß differenzieren die Grauwerte.

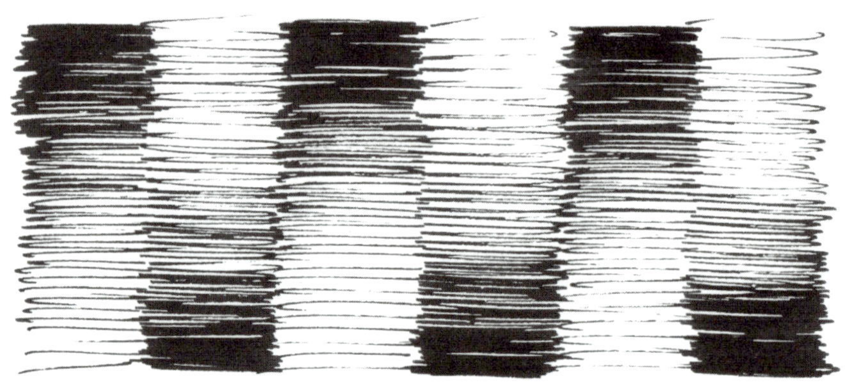

Ein satter Kontrast hebt die Kanten hervor,
ein schwacher lässt sie verschwimmen.

3. Körperschatten

Licht verteilt sich ungleichmäßig auf den Dingen, wobei die dem Licht zugewandte Seite heller ist als die von ihm abgewandte. Fein abgestufte Halbschatten bereiten den Übergang. Beim Malen von Körperschatten kommt es darauf an, die Intensität von Hell und Dunkel auf einem Gegenstand in Abhängigkeit von der Lichtrichtung auszublancieren. Ein direktes, hartes Licht, wie ein Spot, setzt starke Kontraste. Nuancen in den Graustufen des Körperschattens verschwinden dabei.

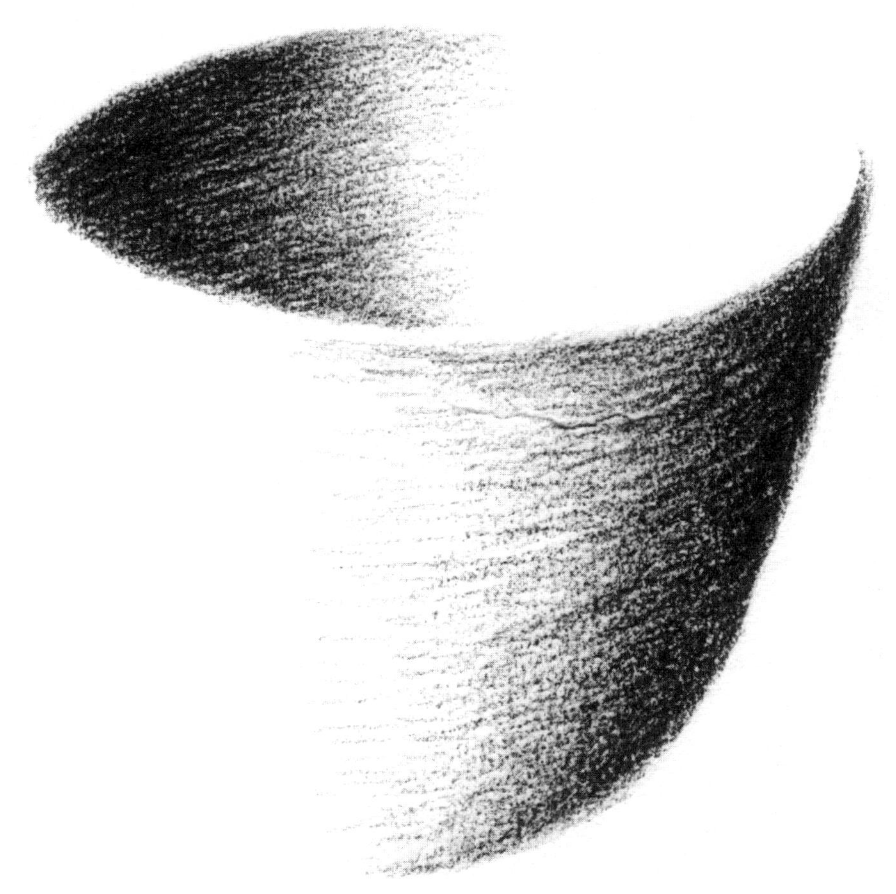

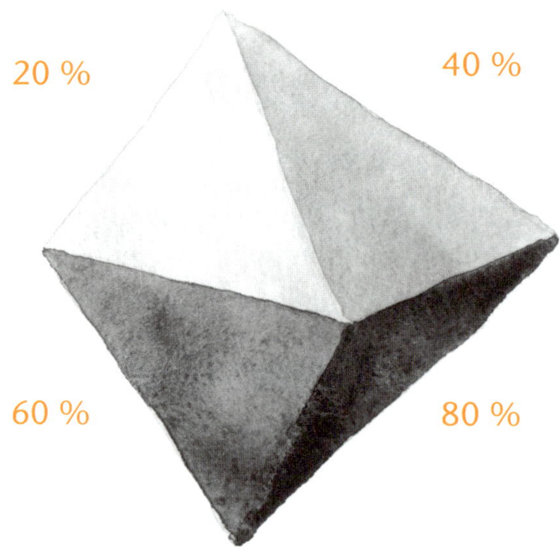

Kommt das Licht einheitlich aus einer Richtung, bleibt die Helligkeit innerhalb einer Fläche gleich. Klare Kanten grenzen die Graustufen ab, an Rundungen gibt es weiche Übergänge.

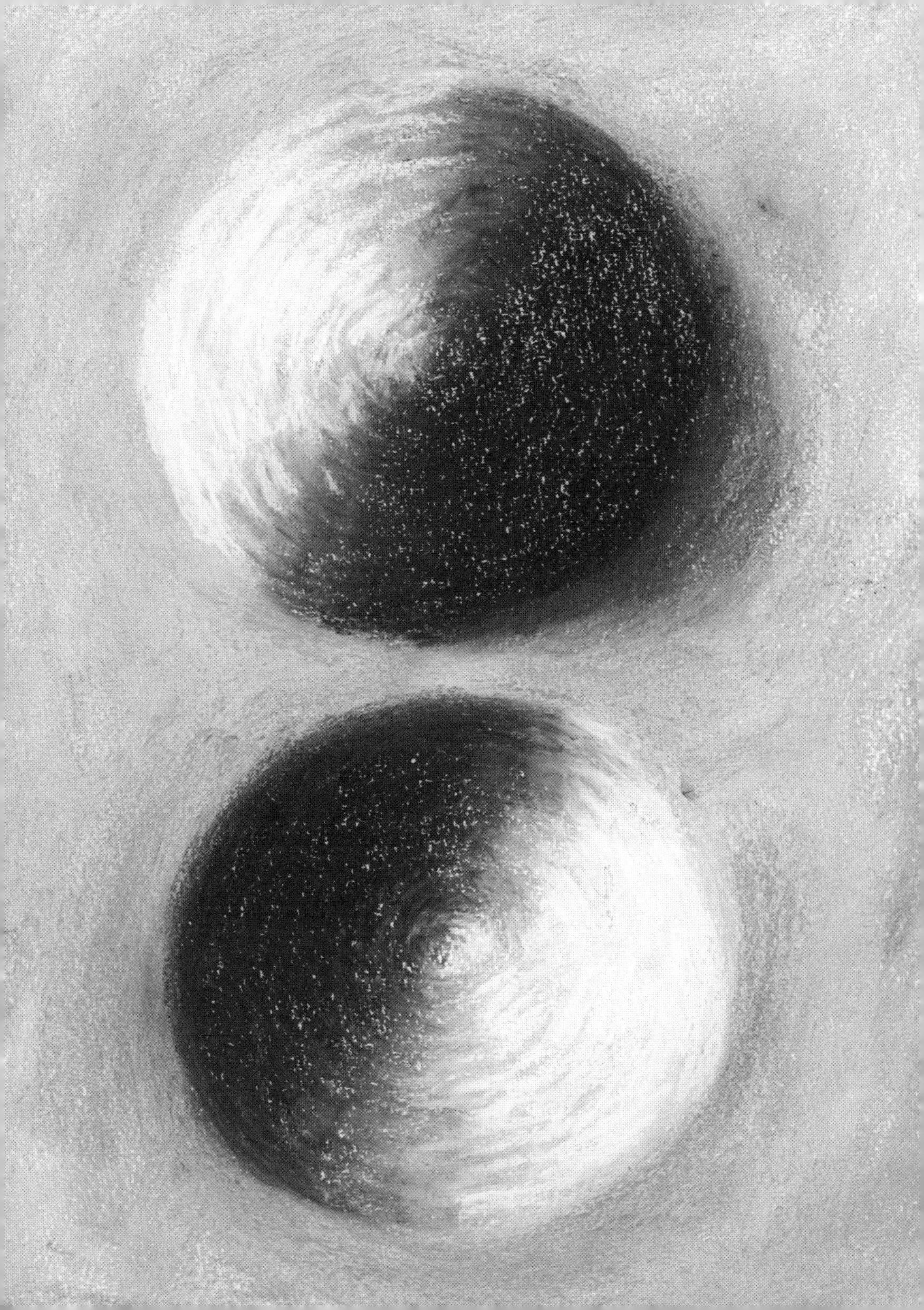

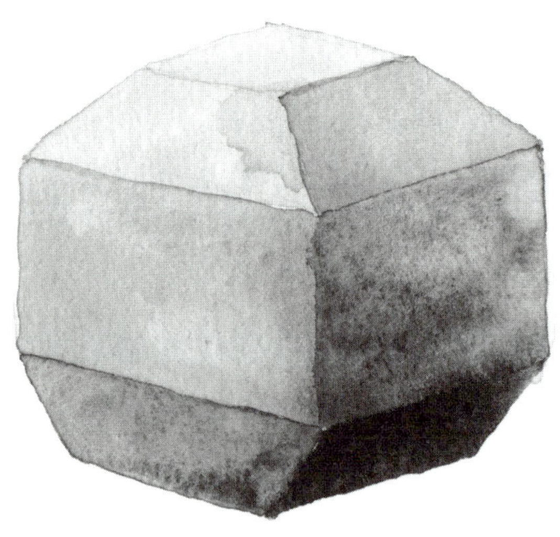

Je stärker die Flächen von der Lichtrichtung abgewandt sind, desto schattiger werden sie.

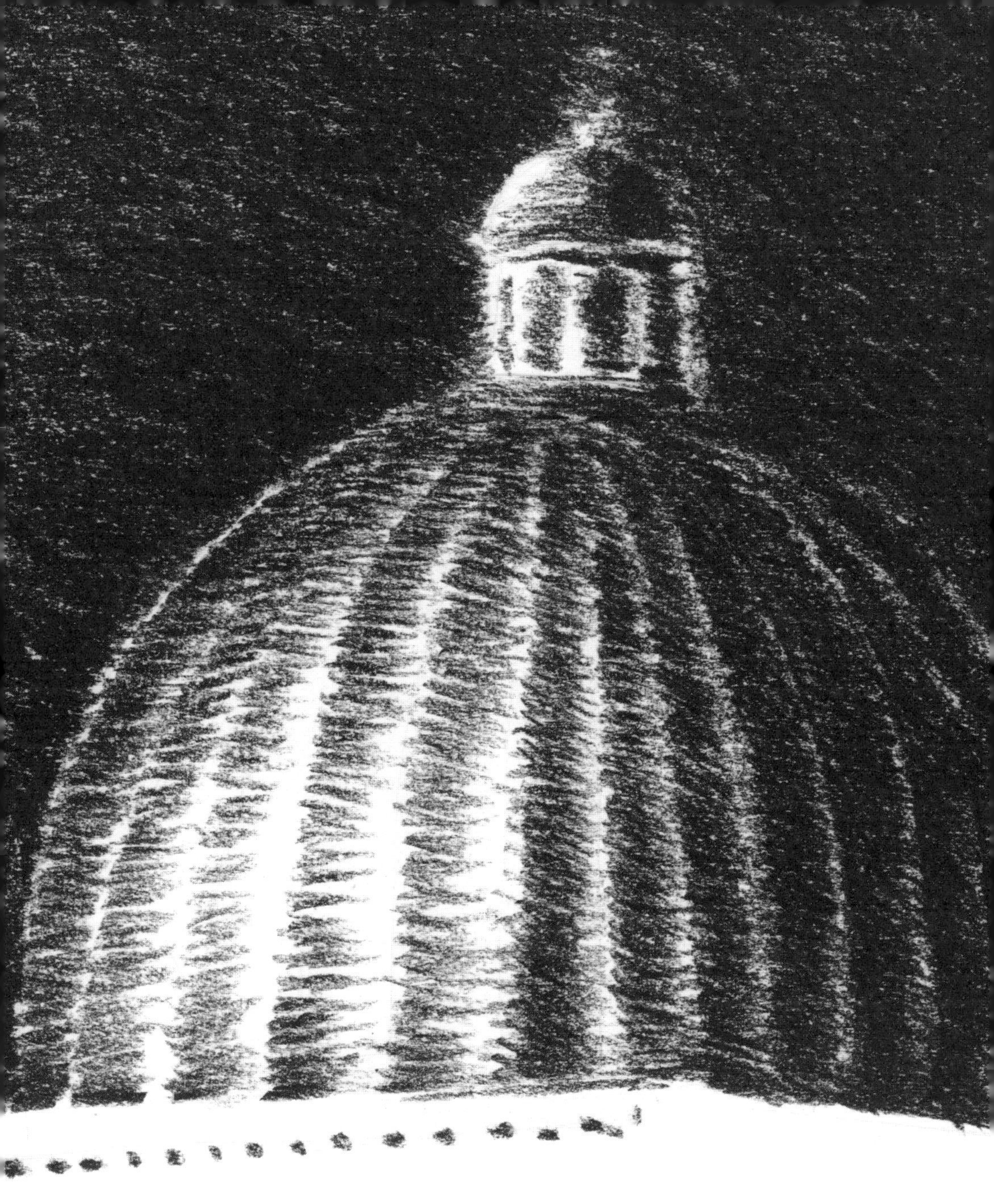

Abstufungen in kleinen Schritten lassen das Volumen hervortreten.

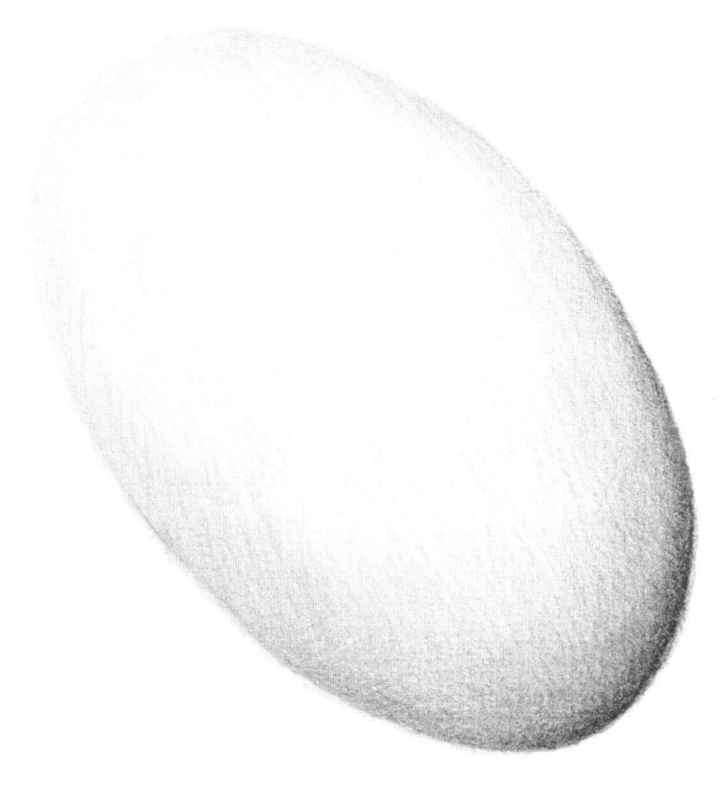

Woher kommt das Licht? Wie umfließt es den Körper?

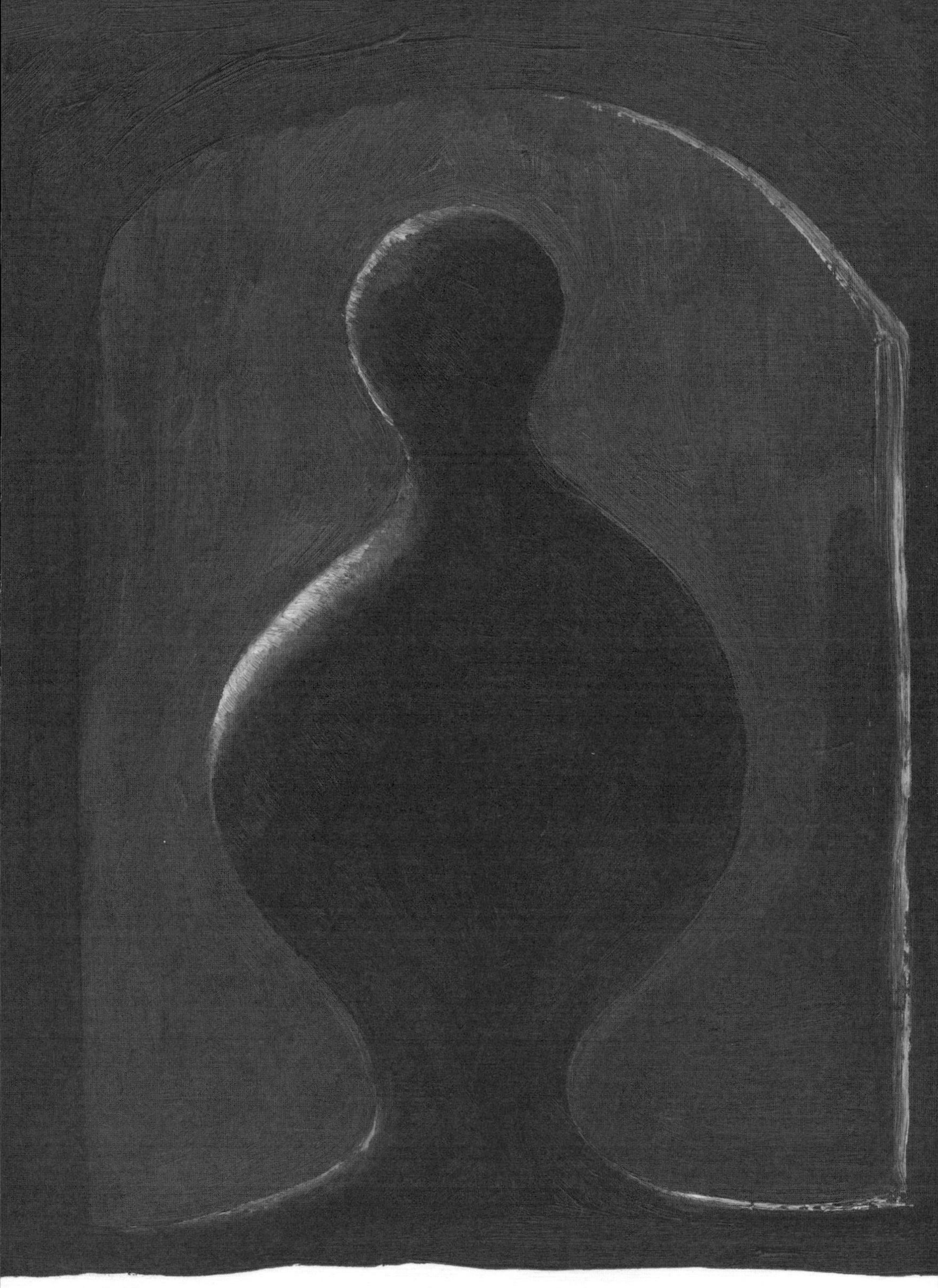

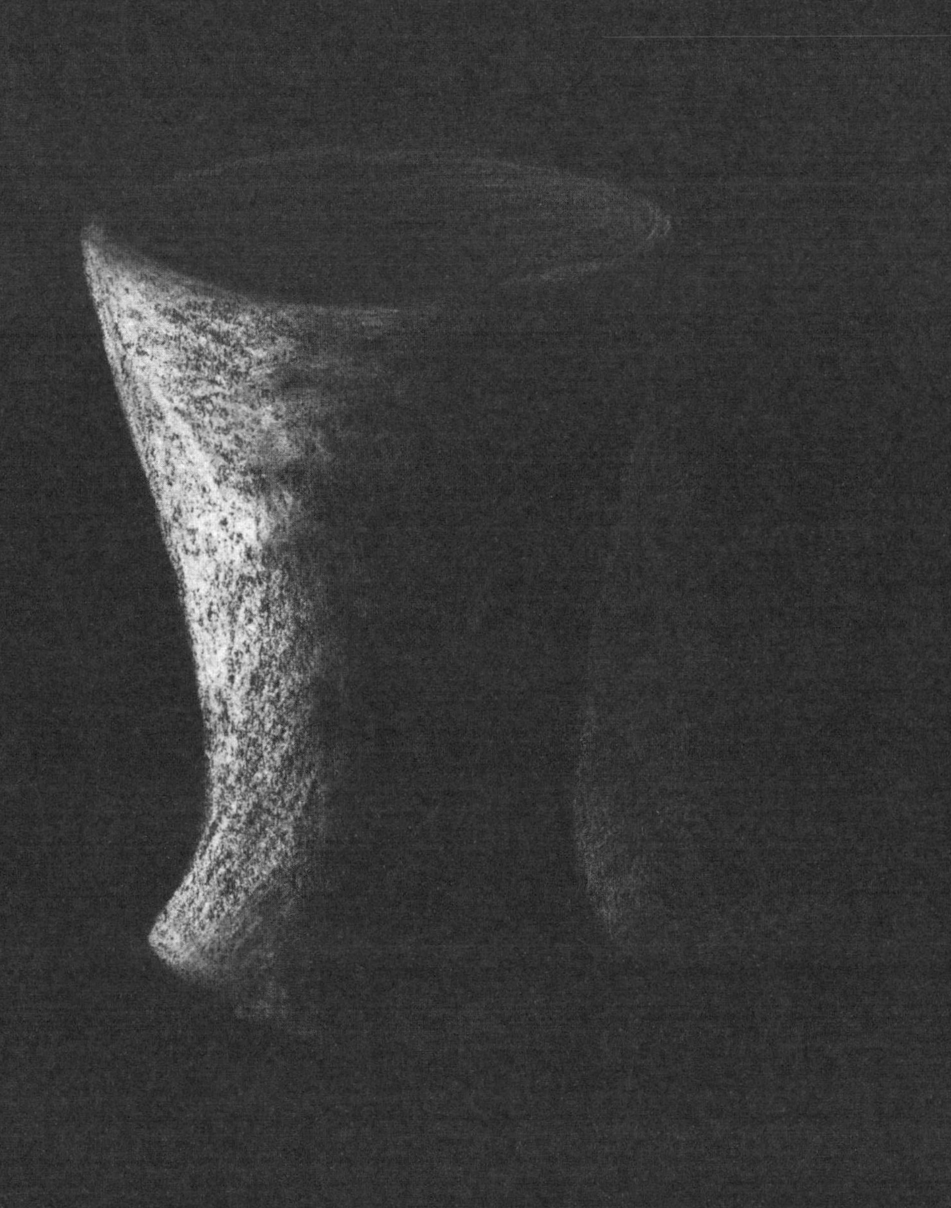

Die leichte Aufhellung an der rechten Seite ist nicht nötig, um die Form des Bechers zu erfassen. Aber sie verleiht ihm eine deutlichere Präsenz.

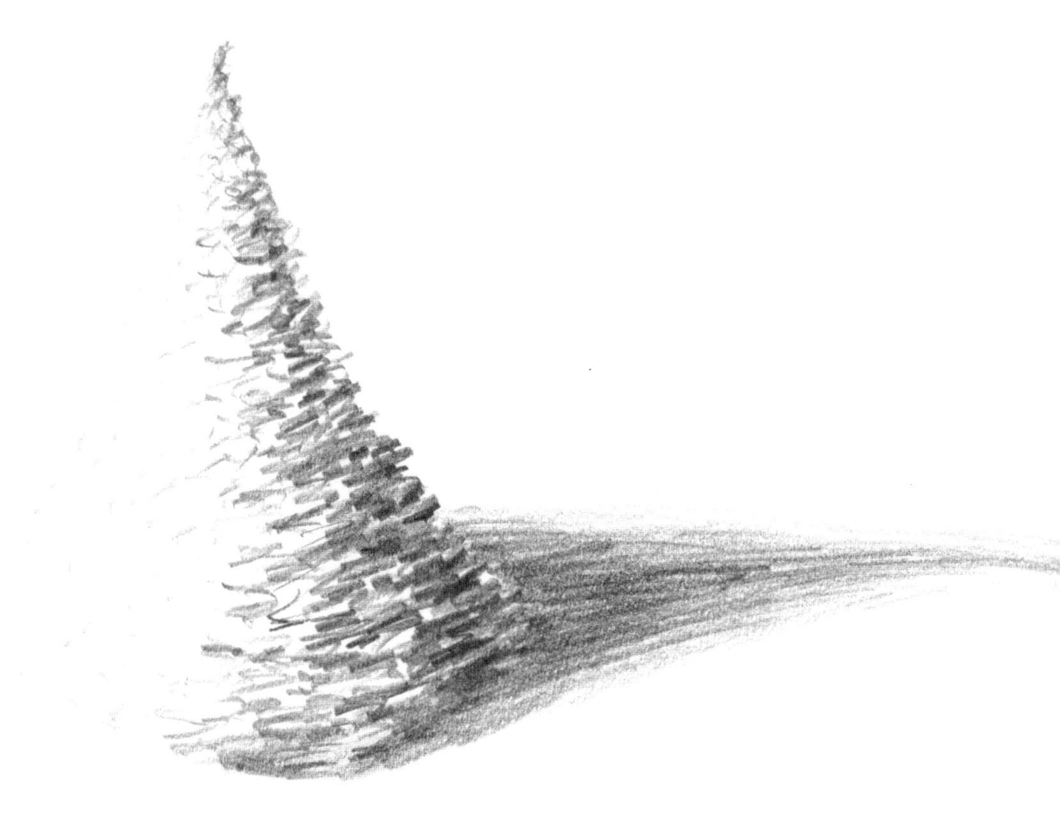

Das Licht schmiegt sich an die Form an.

Sanfte Übergänge erreicht man mit leichtem Bleistiftdruck:
Ganz allmählich die Schatten vertiefen.

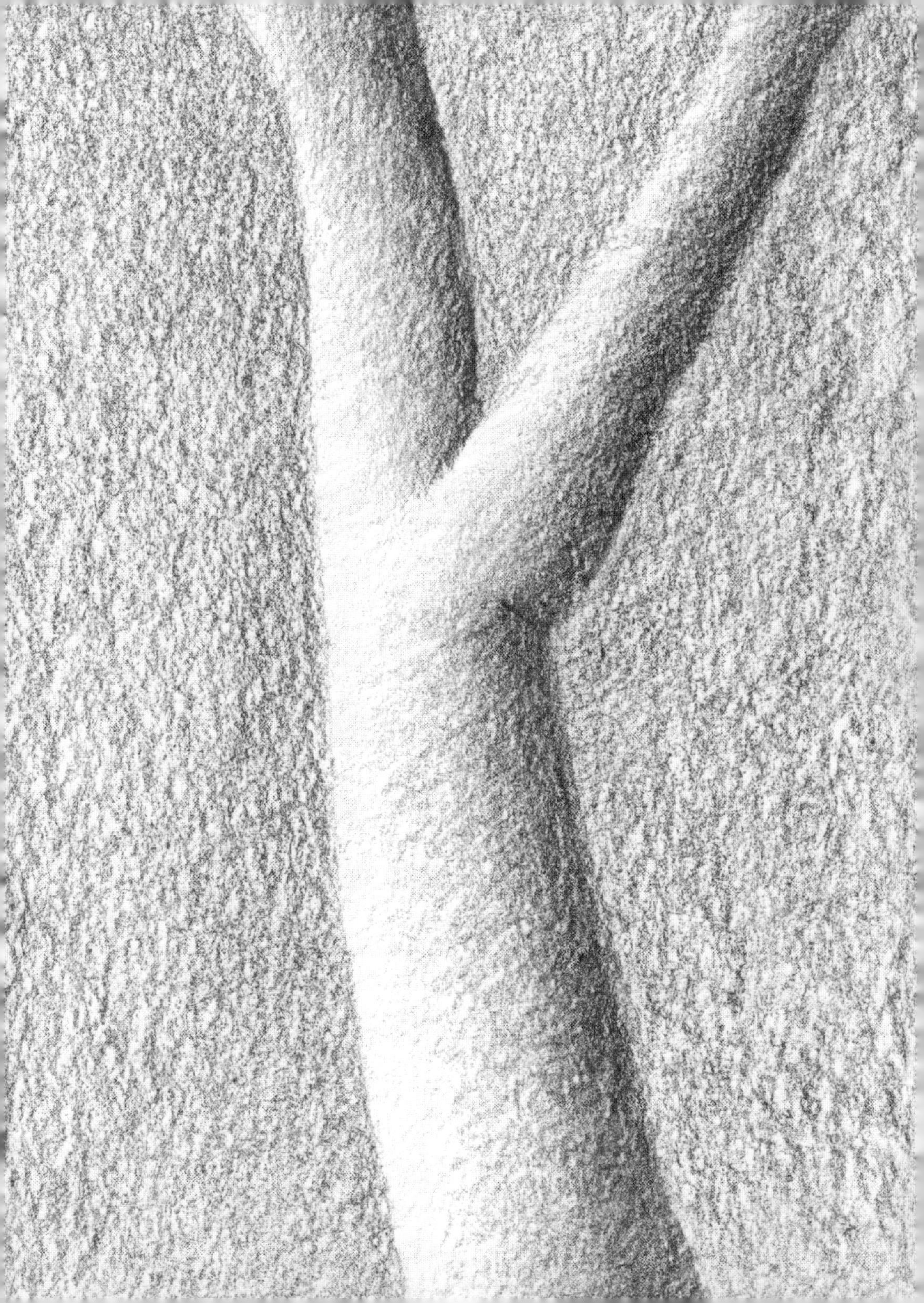

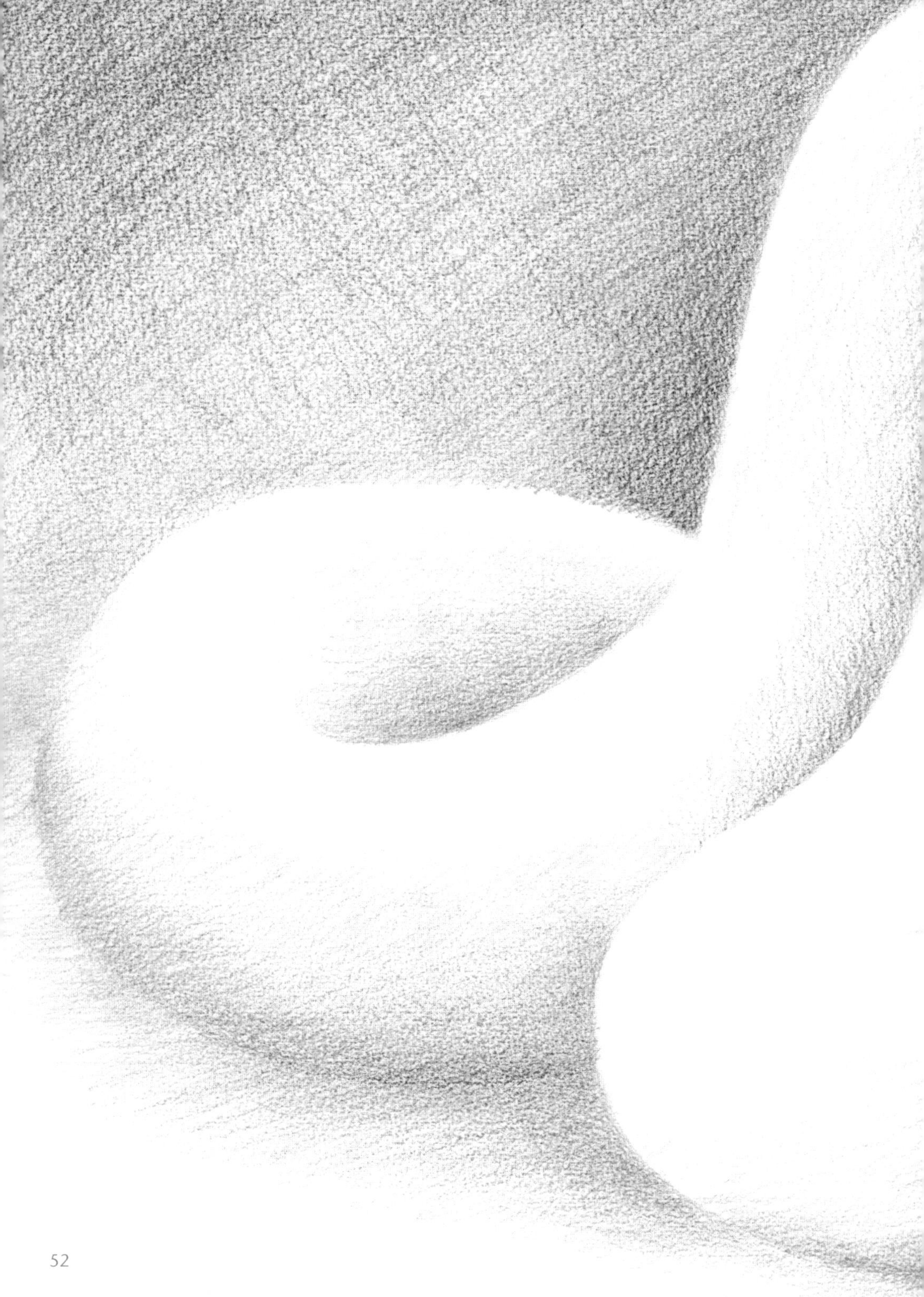

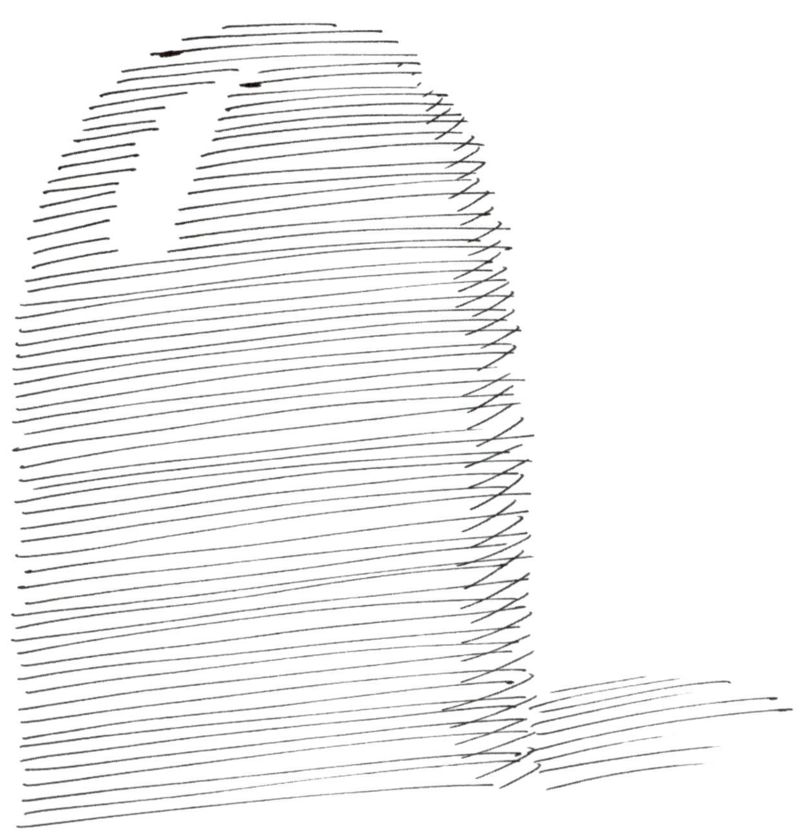

Aussparen an den hellen Stellen und Verdichten im Schattenbereich.

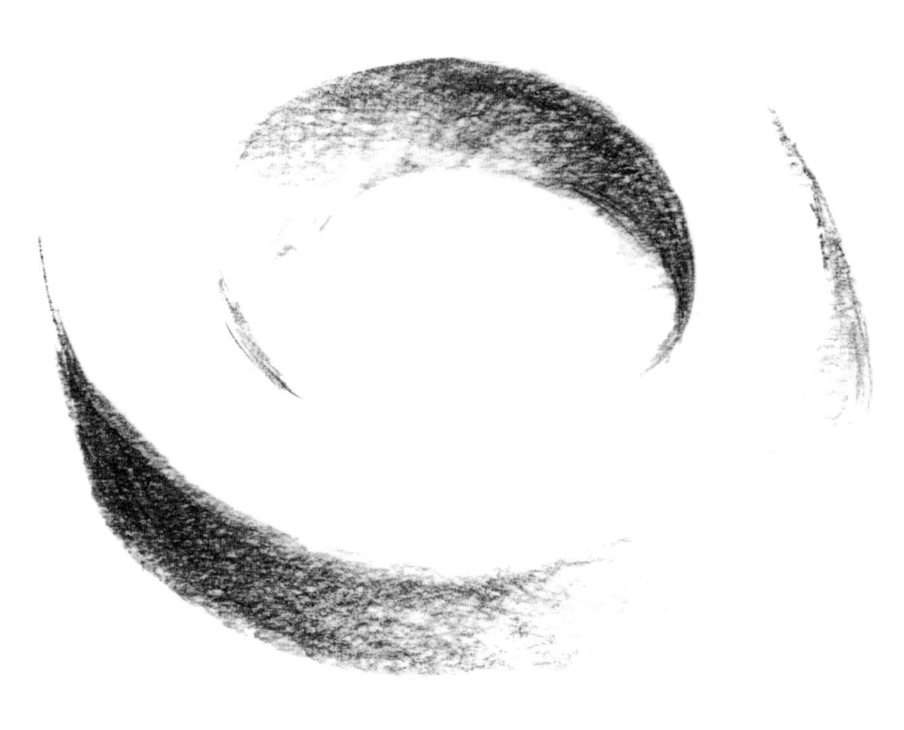

Körperschatten machen Konturen überflüssig.

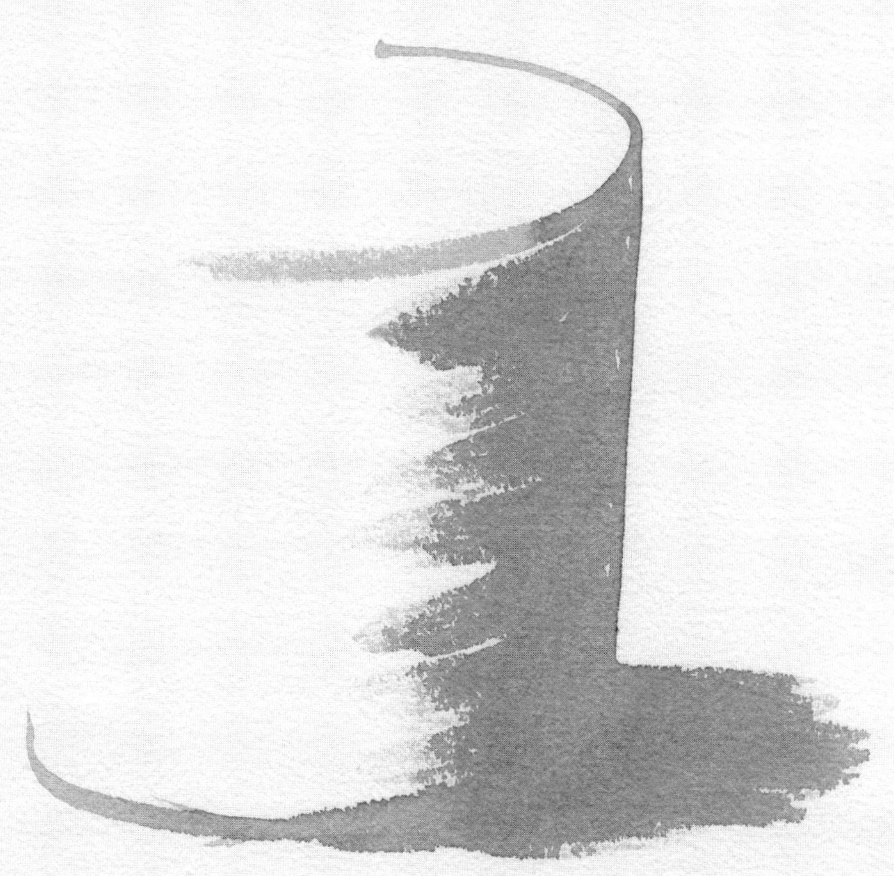

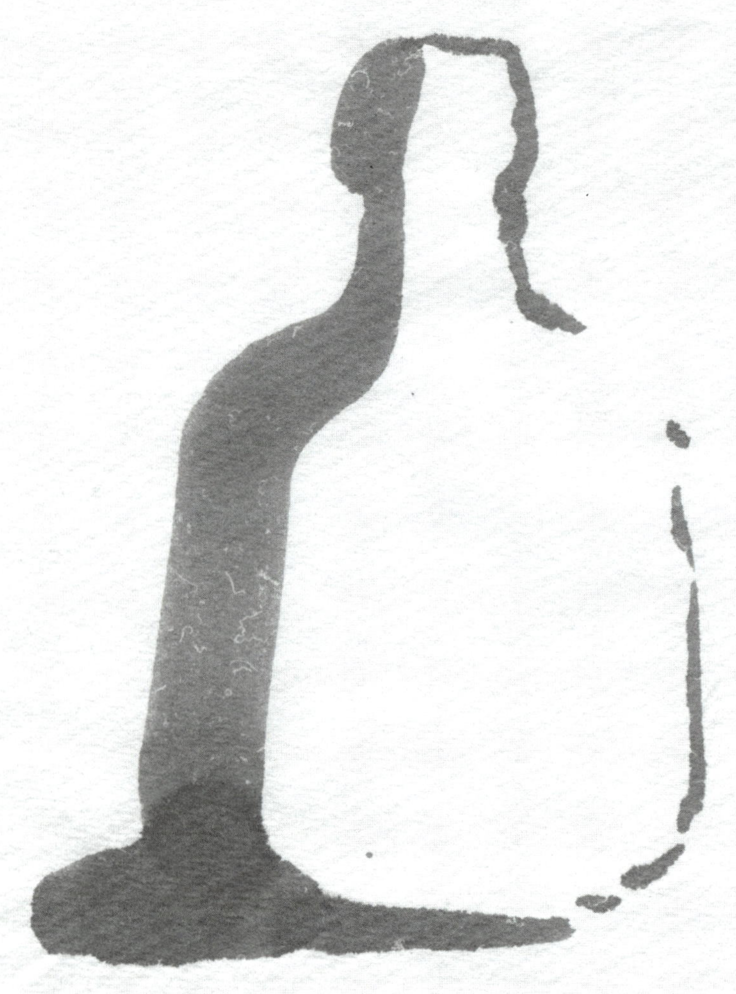

Im Licht löst sich die Kontur auf,
im Schatten wird sie breit.

Ein charakteristisches Lichtdreieck hellt den hervorstehenden Wangenknochen auf der Schattenseite eines Gesichts auf. Porträtisten nennen diese Beleuchtung Rembrandt-Licht.

Das helle Kreissegment erscheint beleuchtet. Das Papier außerhalb der Zeichnung ist zwar genauso hell, ist aber lediglich eine weiße Fläche – Licht ist mehr als nur Helligkeit.

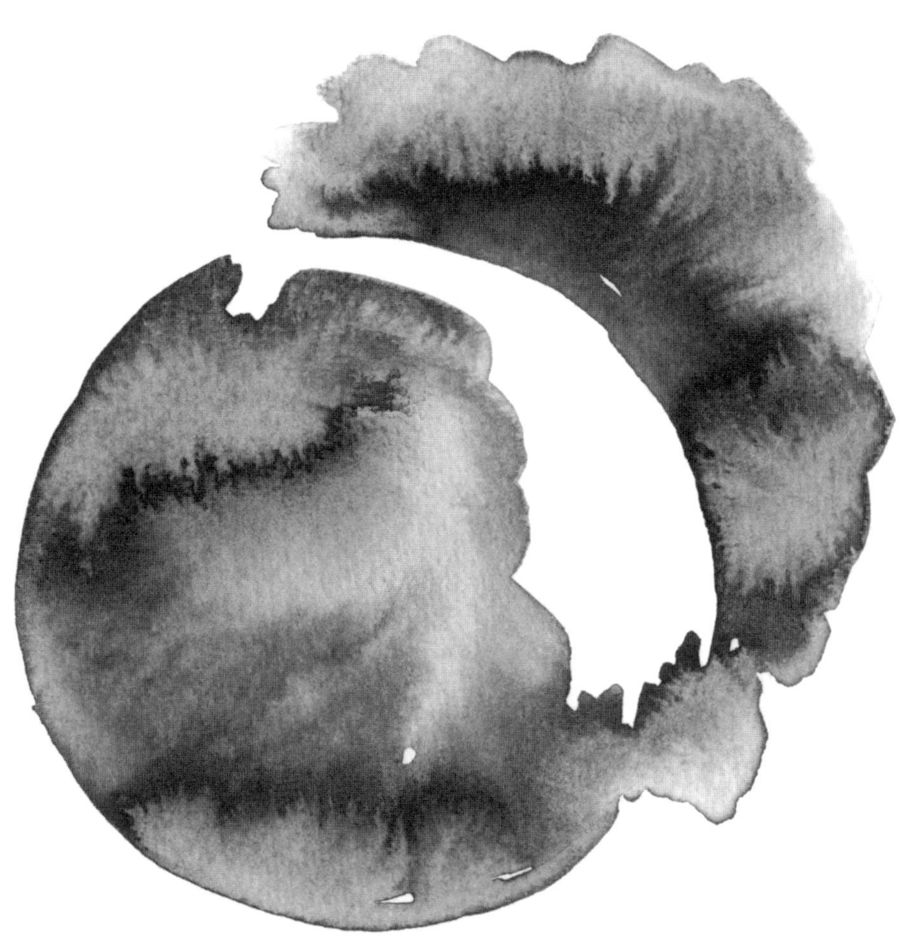

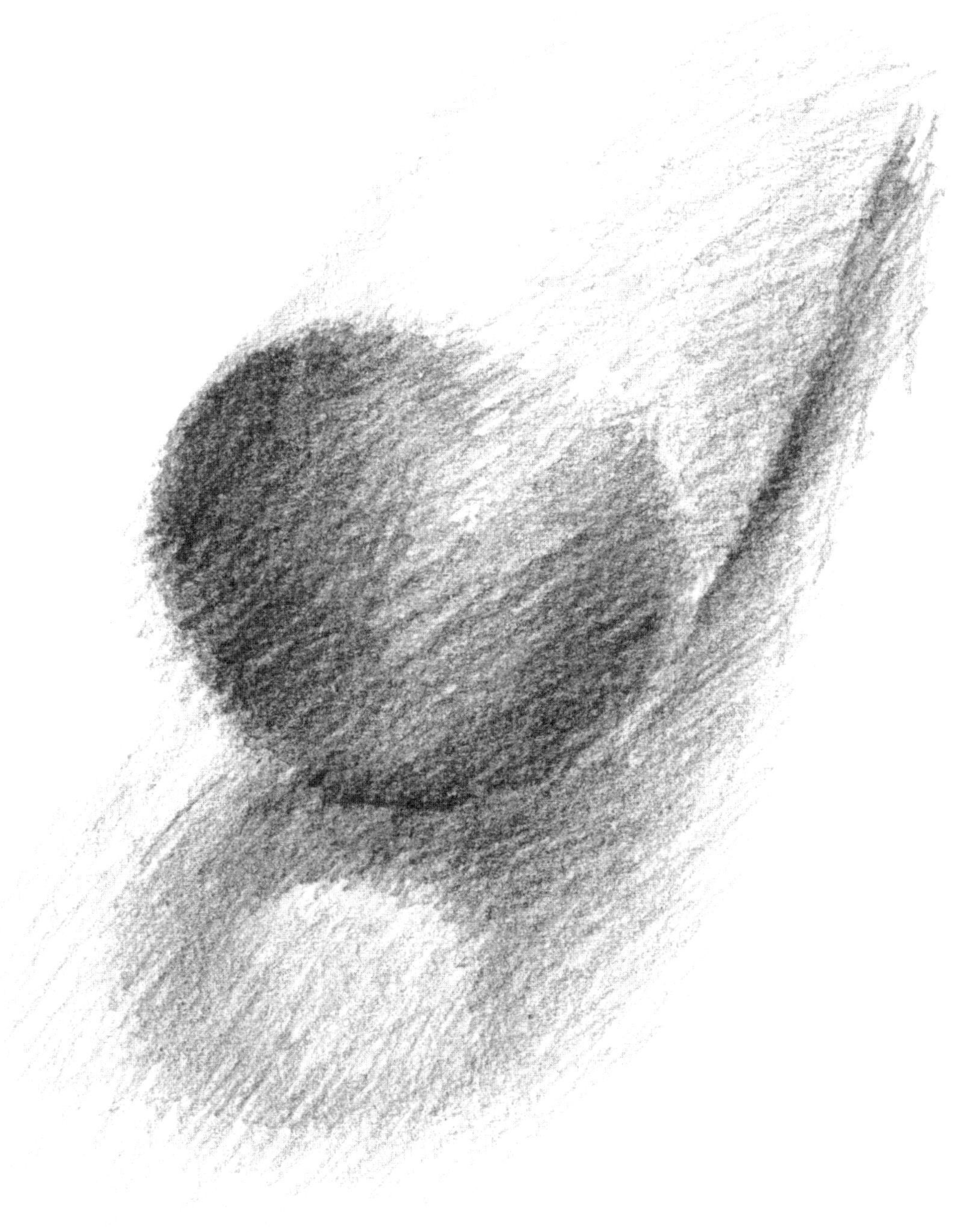

Lichter aus verschiedenen Richtungen, Lichteinfälle im Schatten.

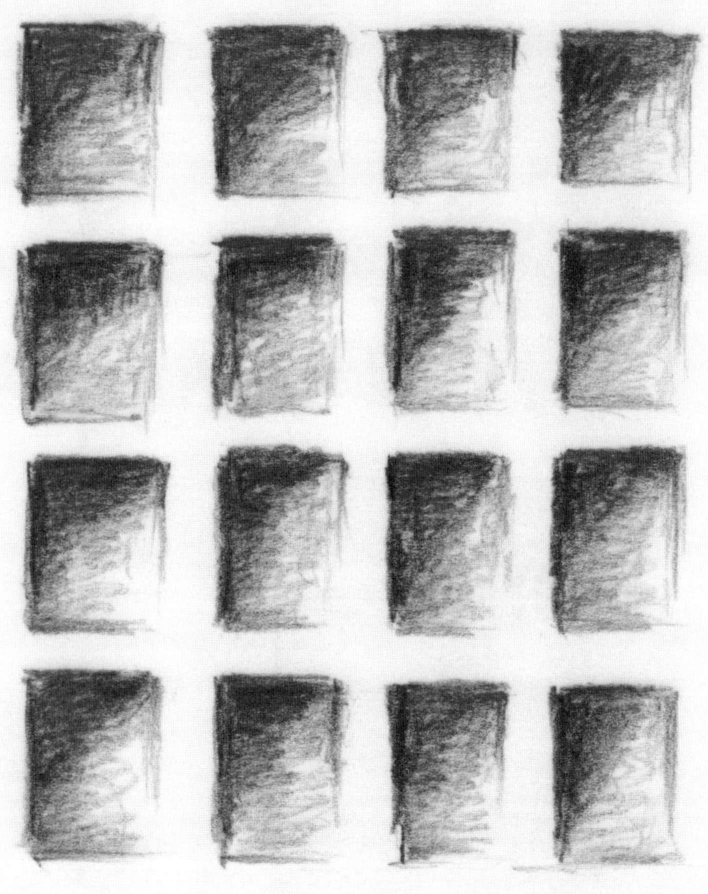

Schattenplätze.

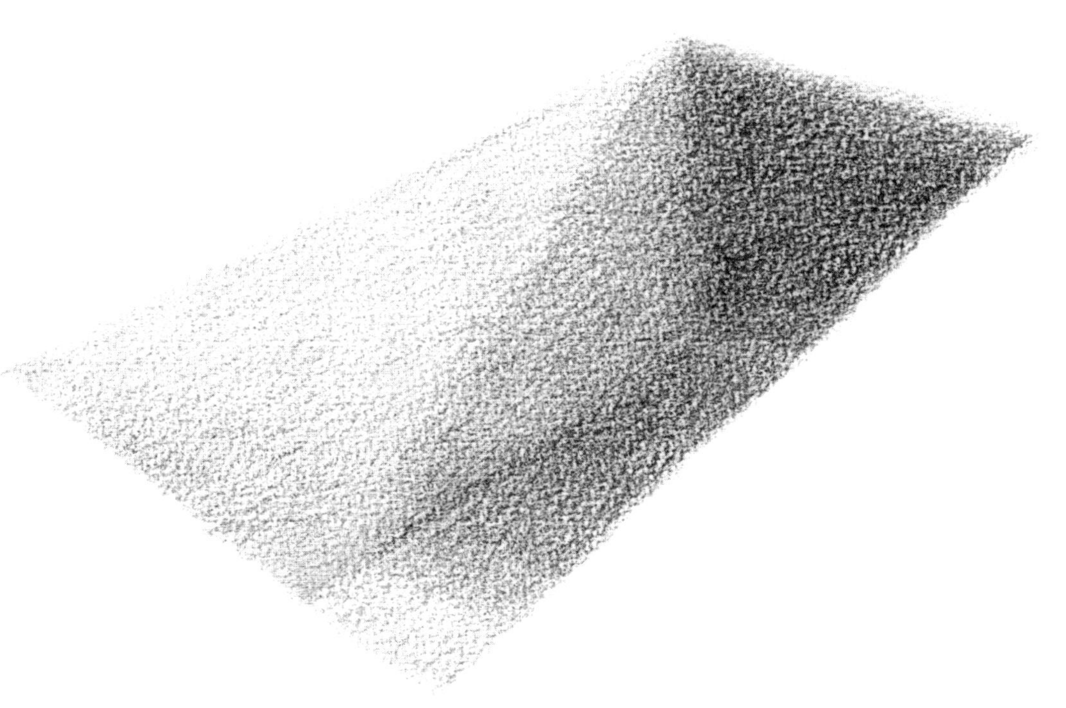

Der Schatten fällt in die Grube.

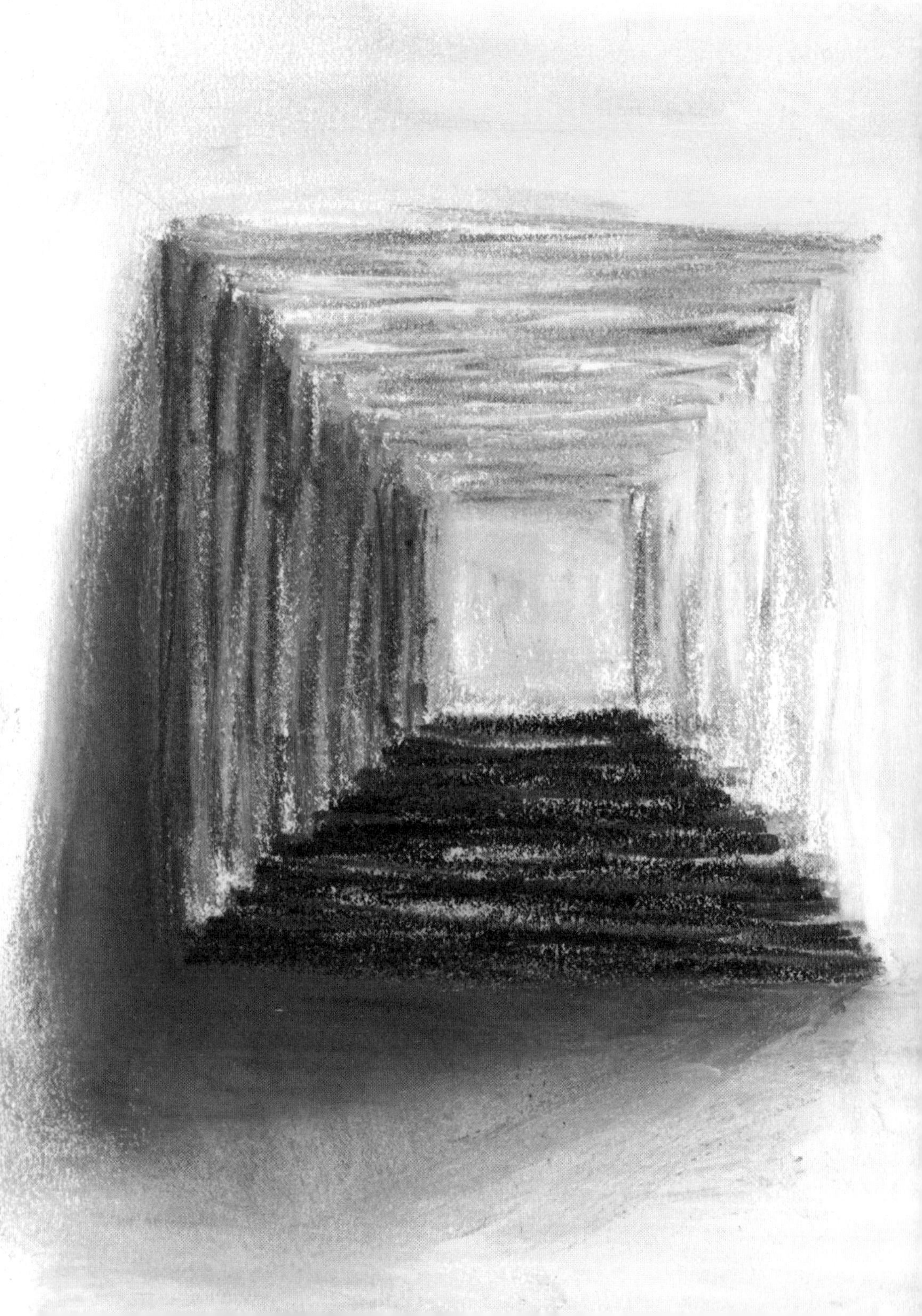

Das Relief, ein Bild aus Erhebungen und Vertiefungen.

4. Oberflächenlicht

Oberflächen sind haptische Erlebnisse, die wir auch sehen können, weil das Licht von ihnen unterschiedlich geschluckt und reflektiert wird. Auf weichen, ebenmäßigen Unterlagen verteilt sich das Licht gleichmäßiger als auf einer rauen Oberfläche. Die Vertiefungen und Erhebungen auf Fell, Fels oder Holz werfen viele kleine Schatten, die auf glatten Materialien nicht vorkommen. Ungleichmäßige, wellige oder faltige Texturen führen zu einem lebendigen, dynamischen Wechselspiel aus Licht und Schatten. Oberflächen, die dunkel erscheinen, absorbieren viel Licht, helle Oberflächen reflektieren es.

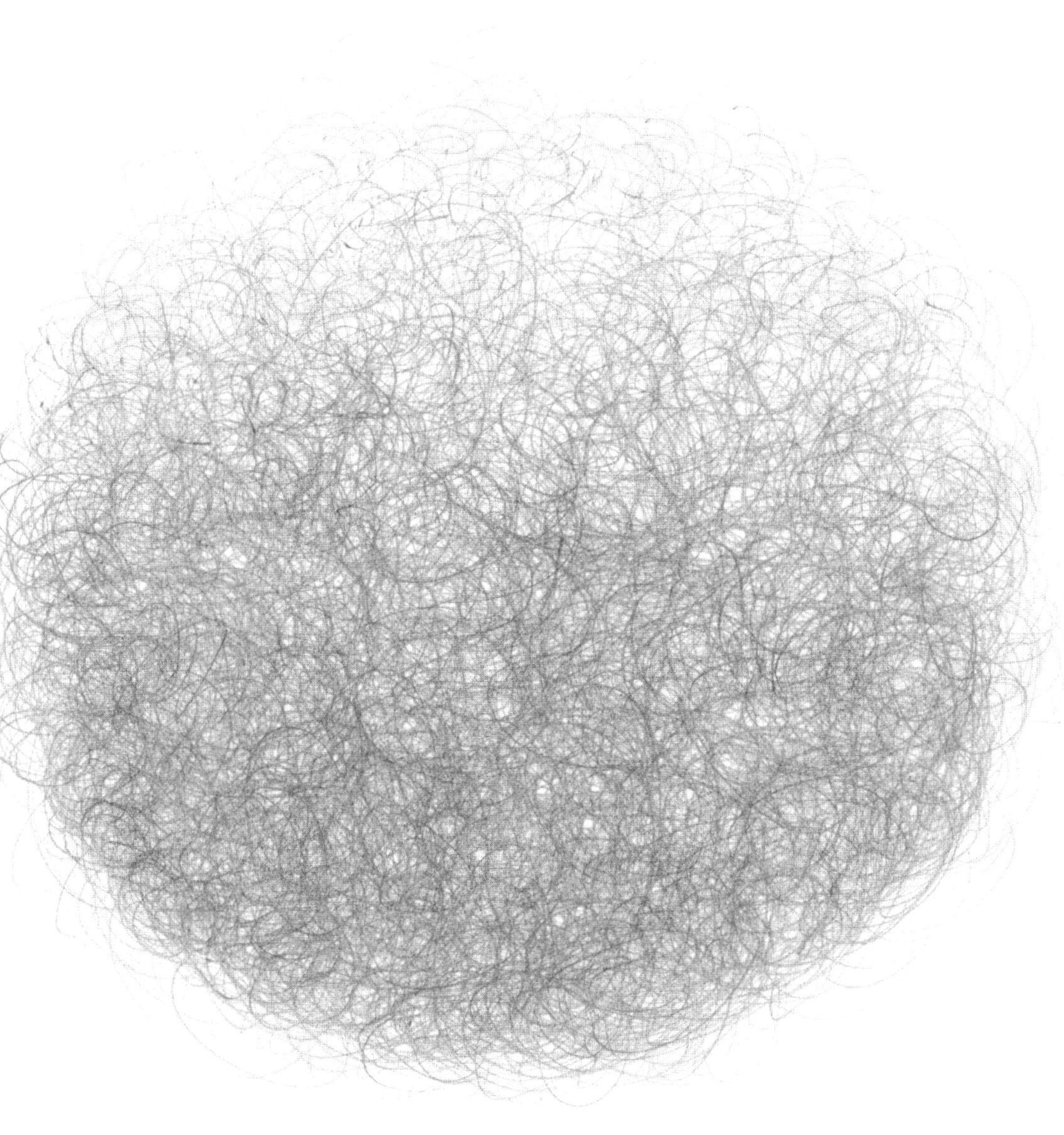

Vertiefung sammelt Schatten,

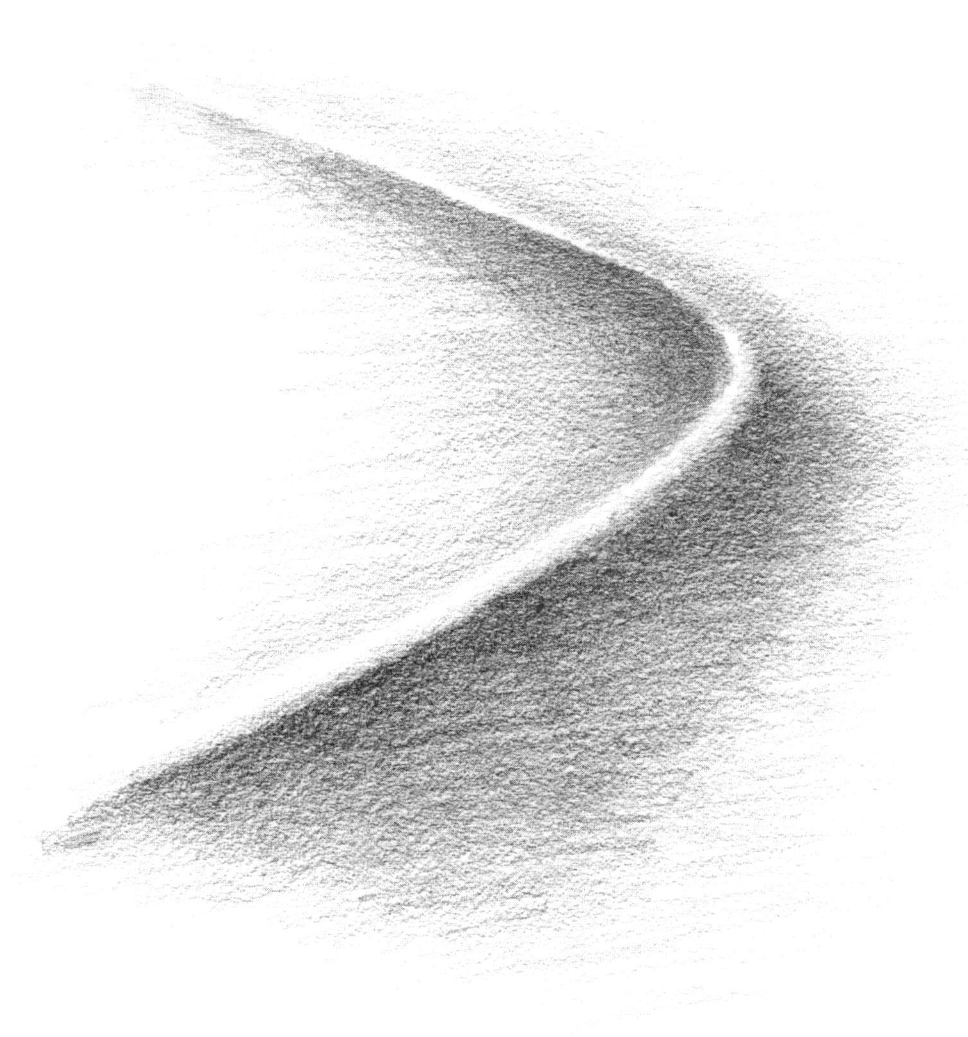

Erhebung fängt Licht.

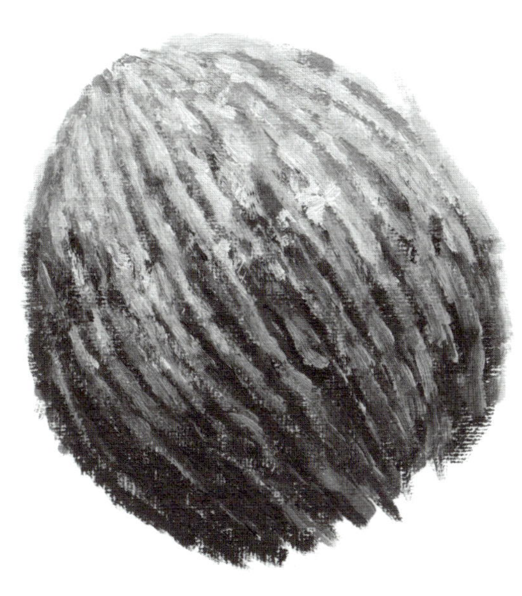

Bei rauen Oberflächen wechseln sich Licht und Schatten ständig ab.

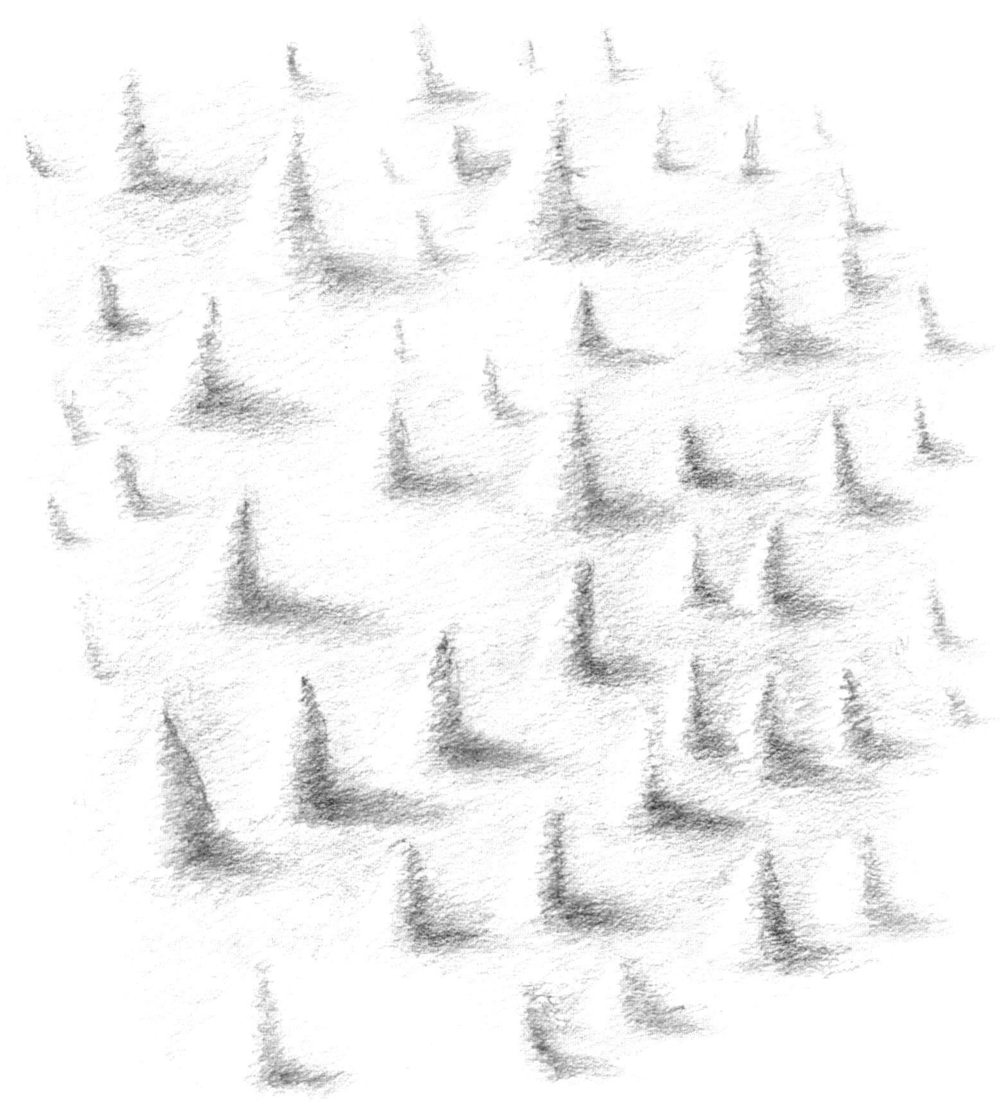

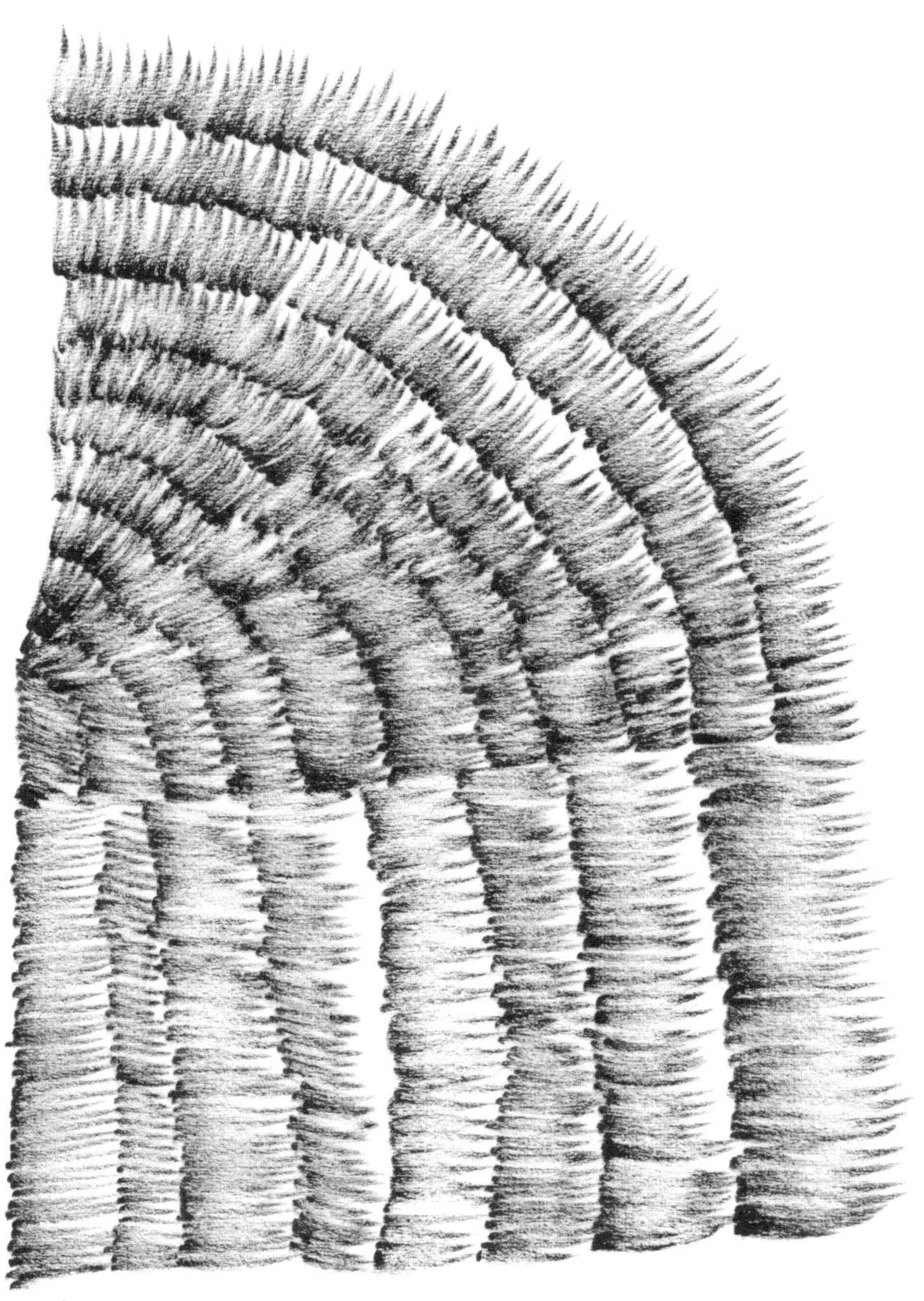

Manche natürliche Materialien reflektieren ungleichmäßig.

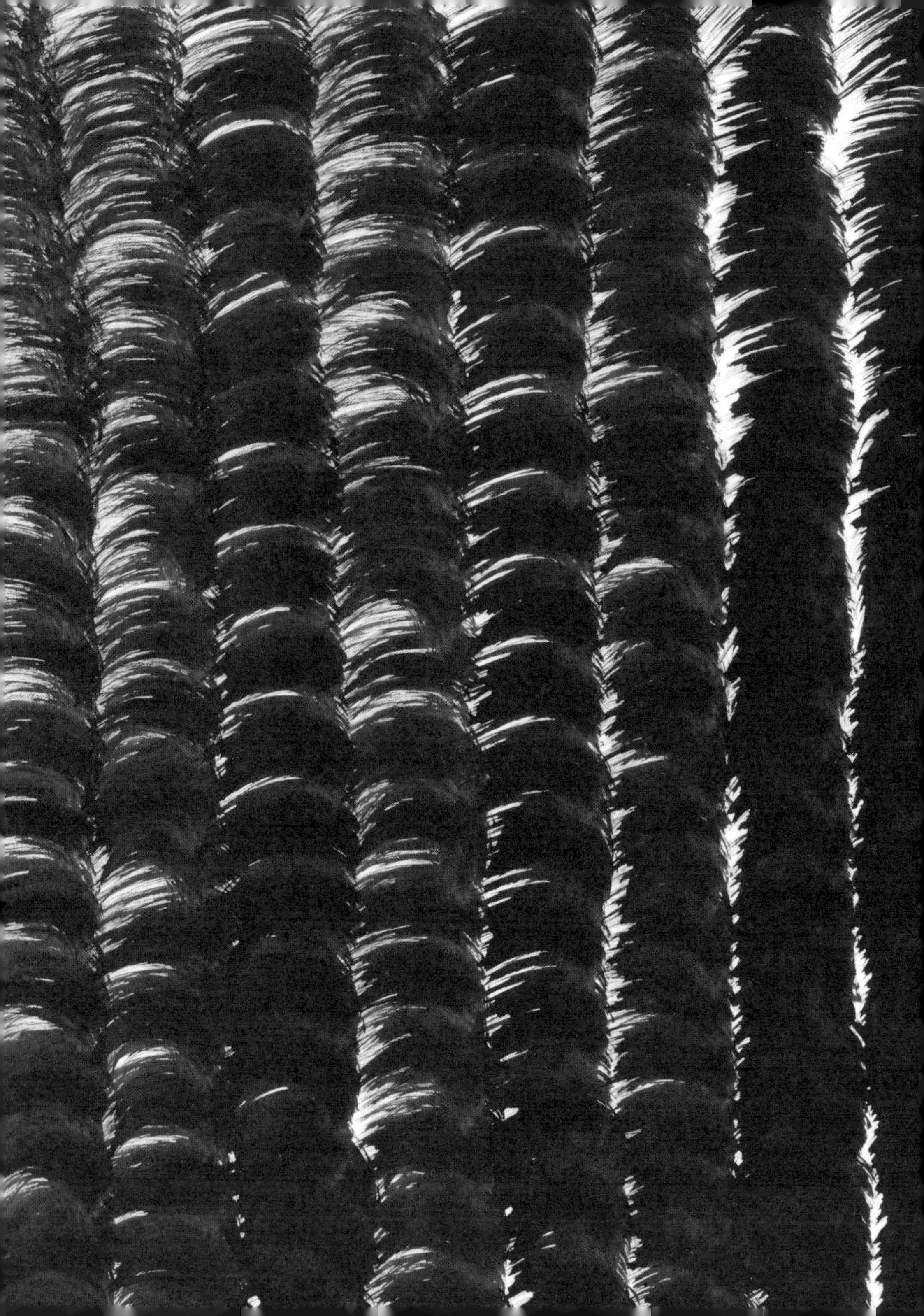

Die Pinselführung, der Bleistiftstrich – sie werden gelenkt vom Charakter der Oberflächen. Die Lichtwirkung in der Zeichnung entsteht en passant.

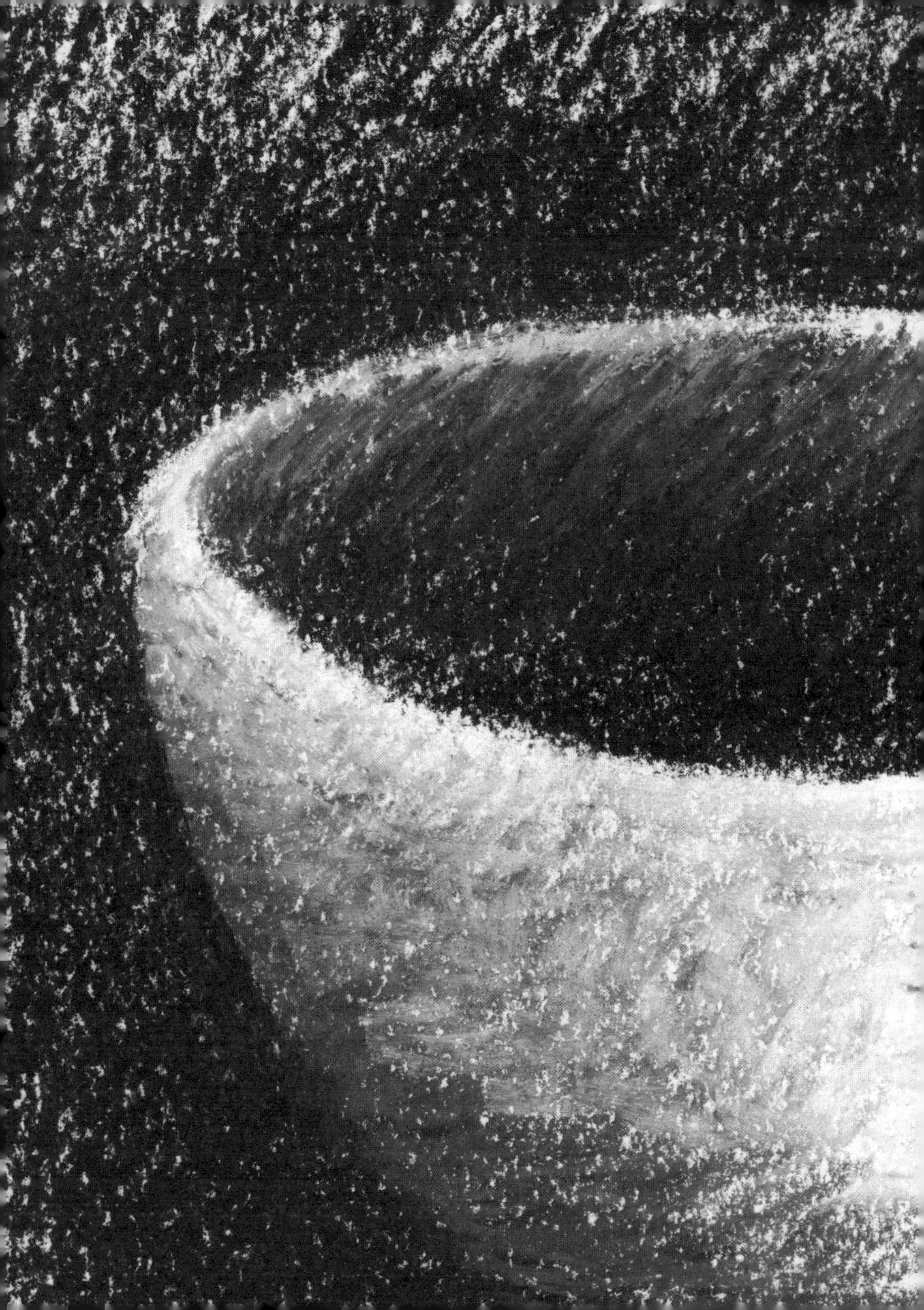

Glatt oder griffig? Spiegelnd oder matt?
Das Zeichenmaterial verstärkt den Unterschied.

5. Glanz

Die Darstellung von Glanzlichtern in der Malerei hat mit der Erfindung der Ölfarben im 15. Jahrhundert Karriere gemacht. In vielen Barockgemälden scheinen die Glanzlichter sogar die wichtigsten Momente zu sein, so raffiniert sitzen sie auf der Schale einer Zitrone, dem Rand eines Glases oder im Auge eines Mädchens. So werden stumpfe von glatten Materialien unterschieden, aber vor allem dienen Glanzlichter dazu, einem Bild den Anschein von Augenblicklichkeit und Leben zu geben. Metaphorisch künden sie von der Eitelkeit des Irdischen. Dennoch ist der Glanz seinem Wesen nach edel und kostbar. Glitzern ist billiges, flüchtiges Glänzen.

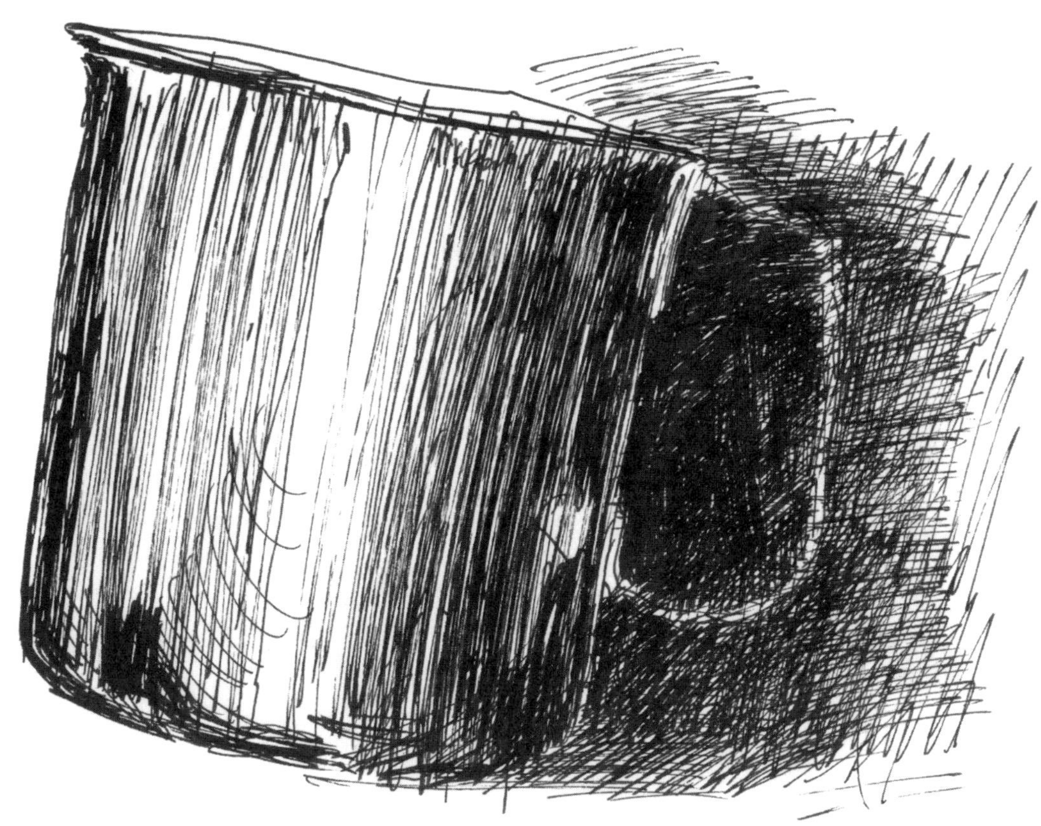

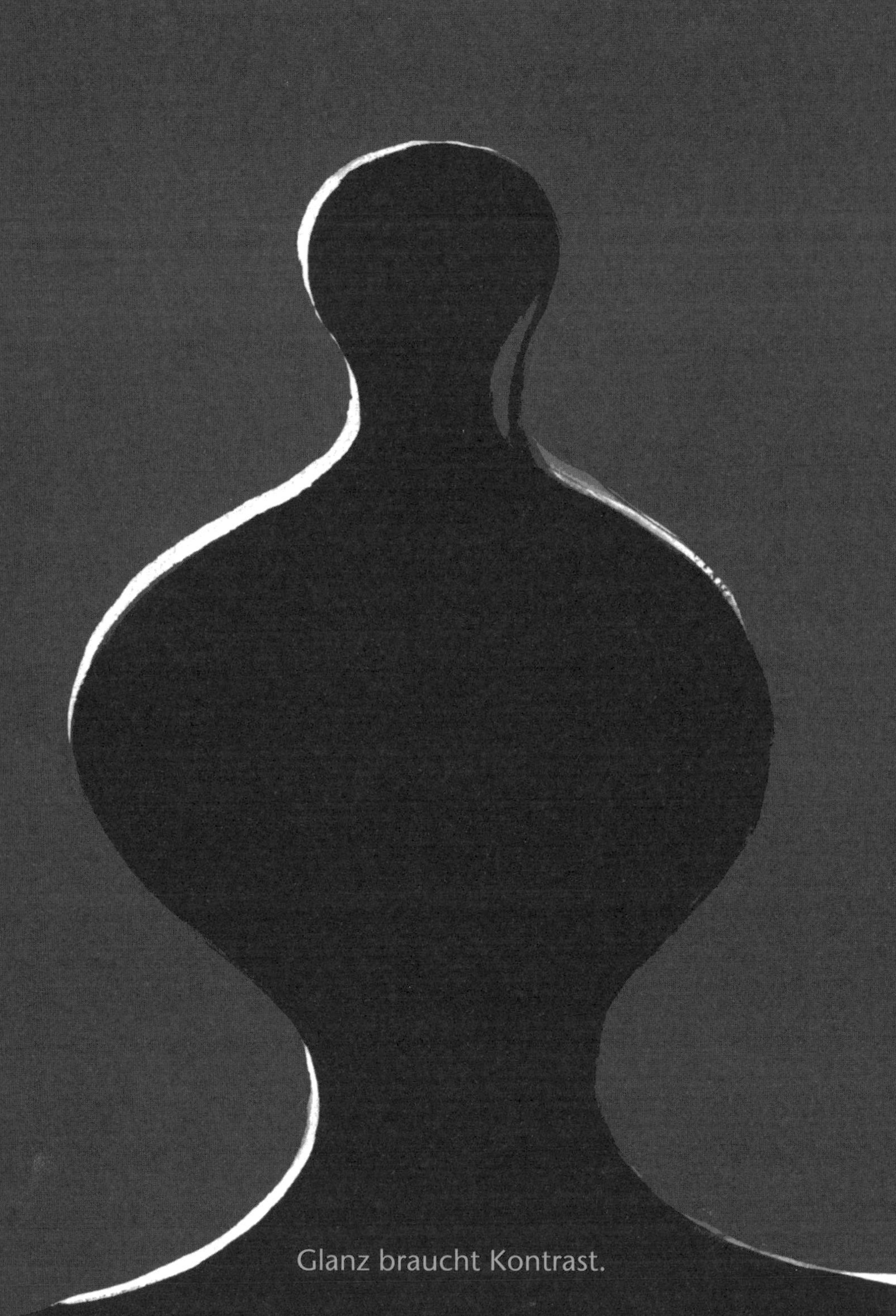
Glanz braucht Kontrast.

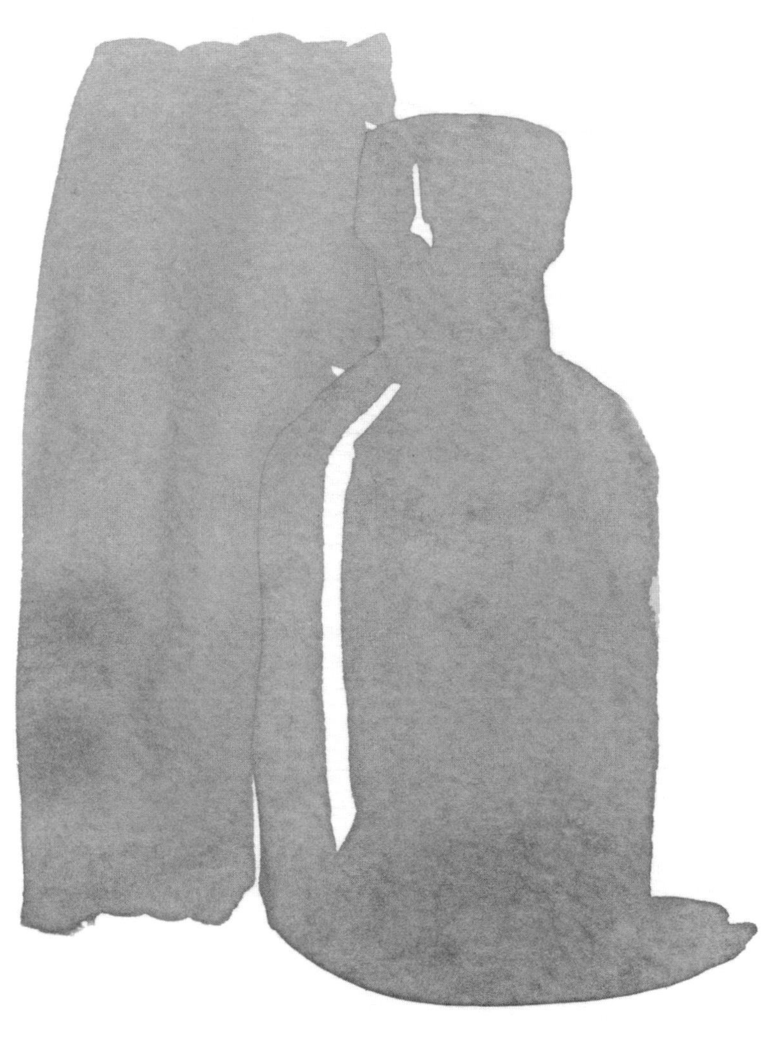

Glanzlichter blitzen an Krümmungen auf.

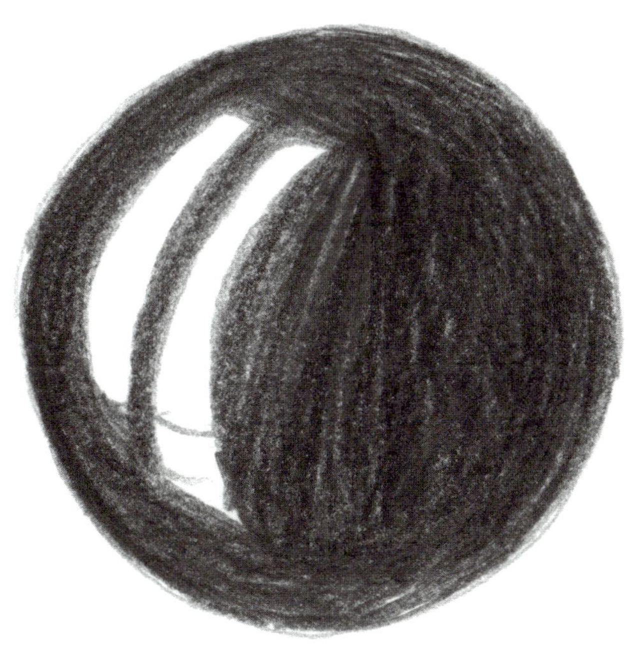

Die gewölbten Glanzlichter deuten auf eine kugelförmige Oberfläche hin – Christbaumkugel oder Hohlspiegel.

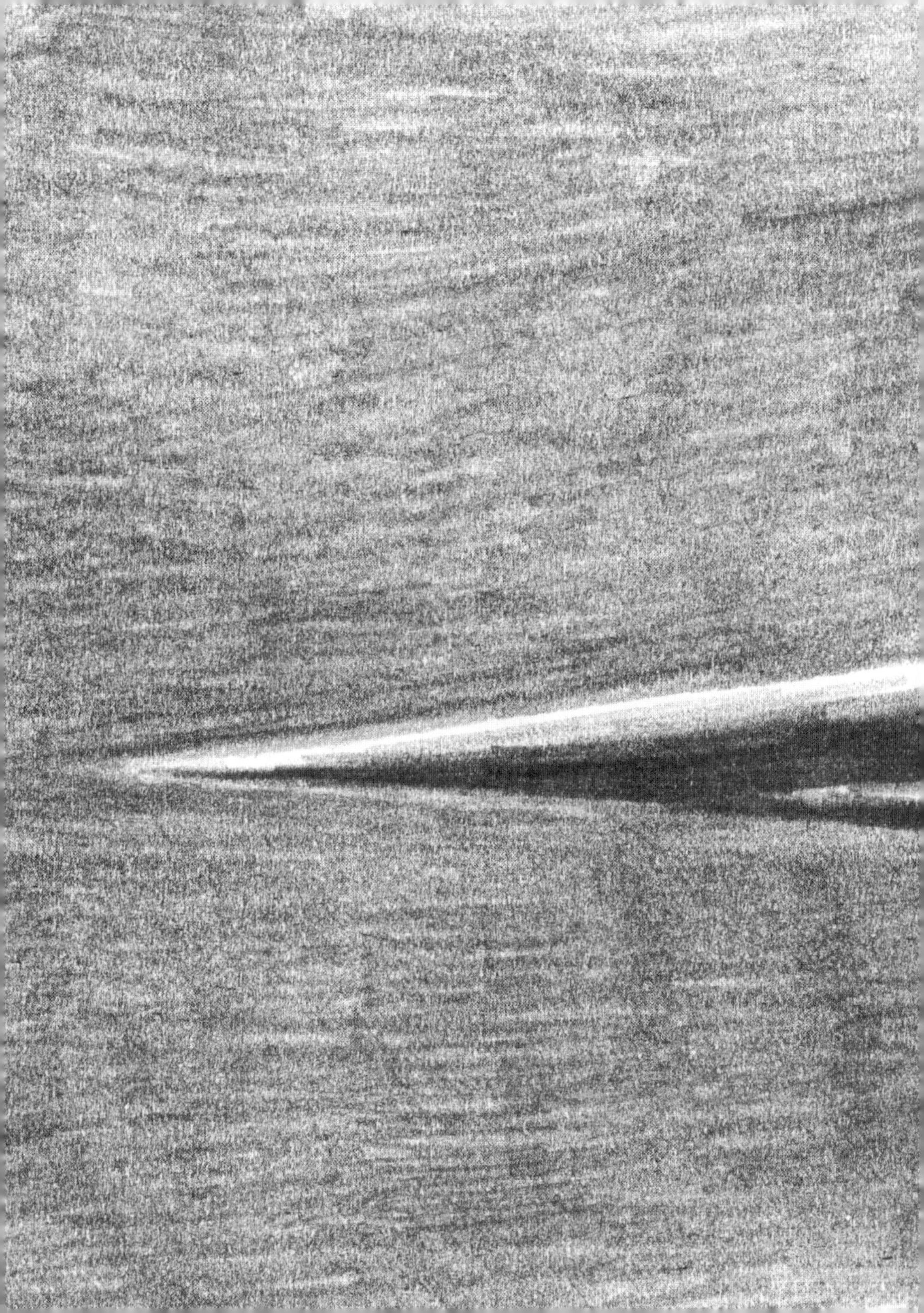

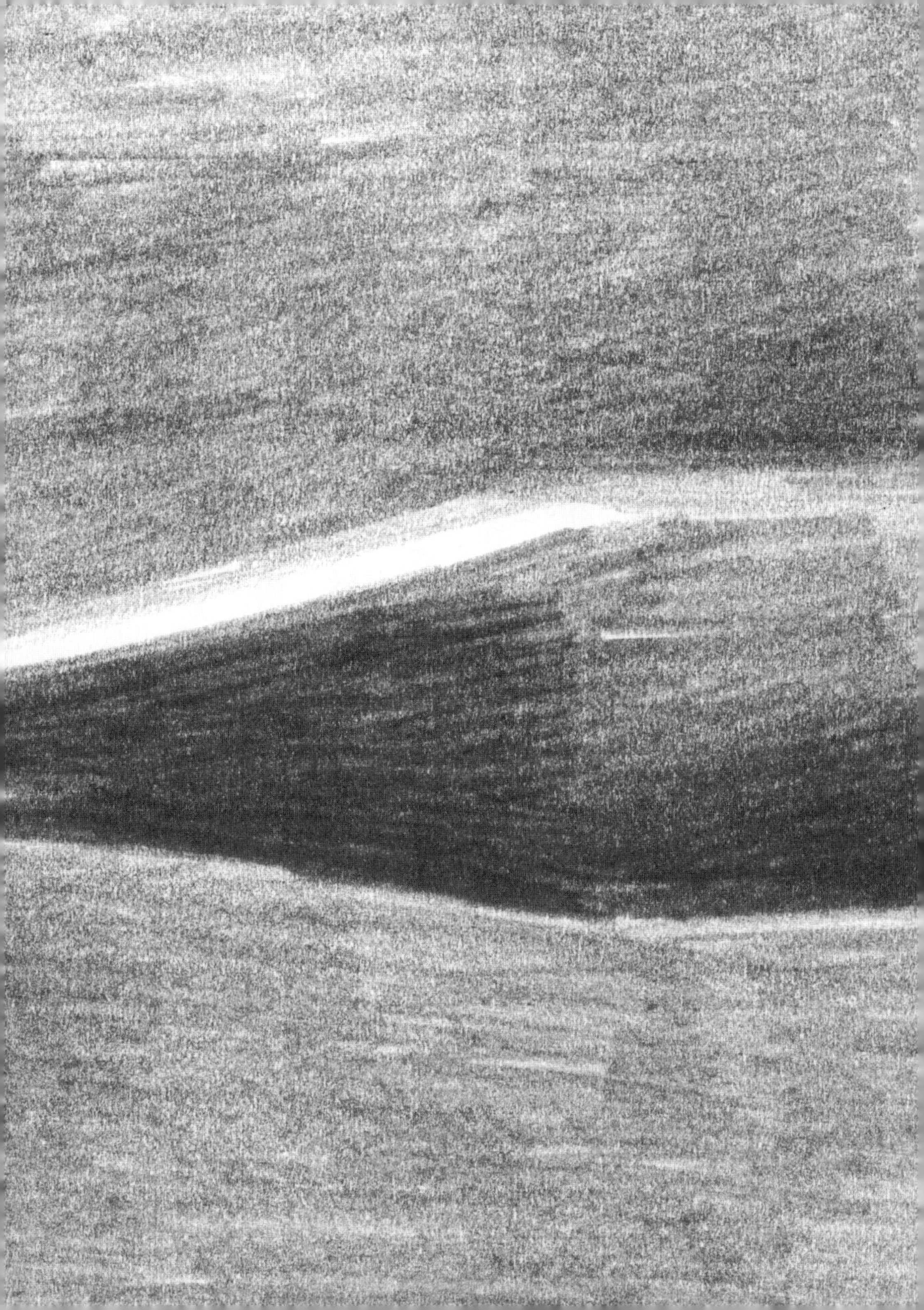

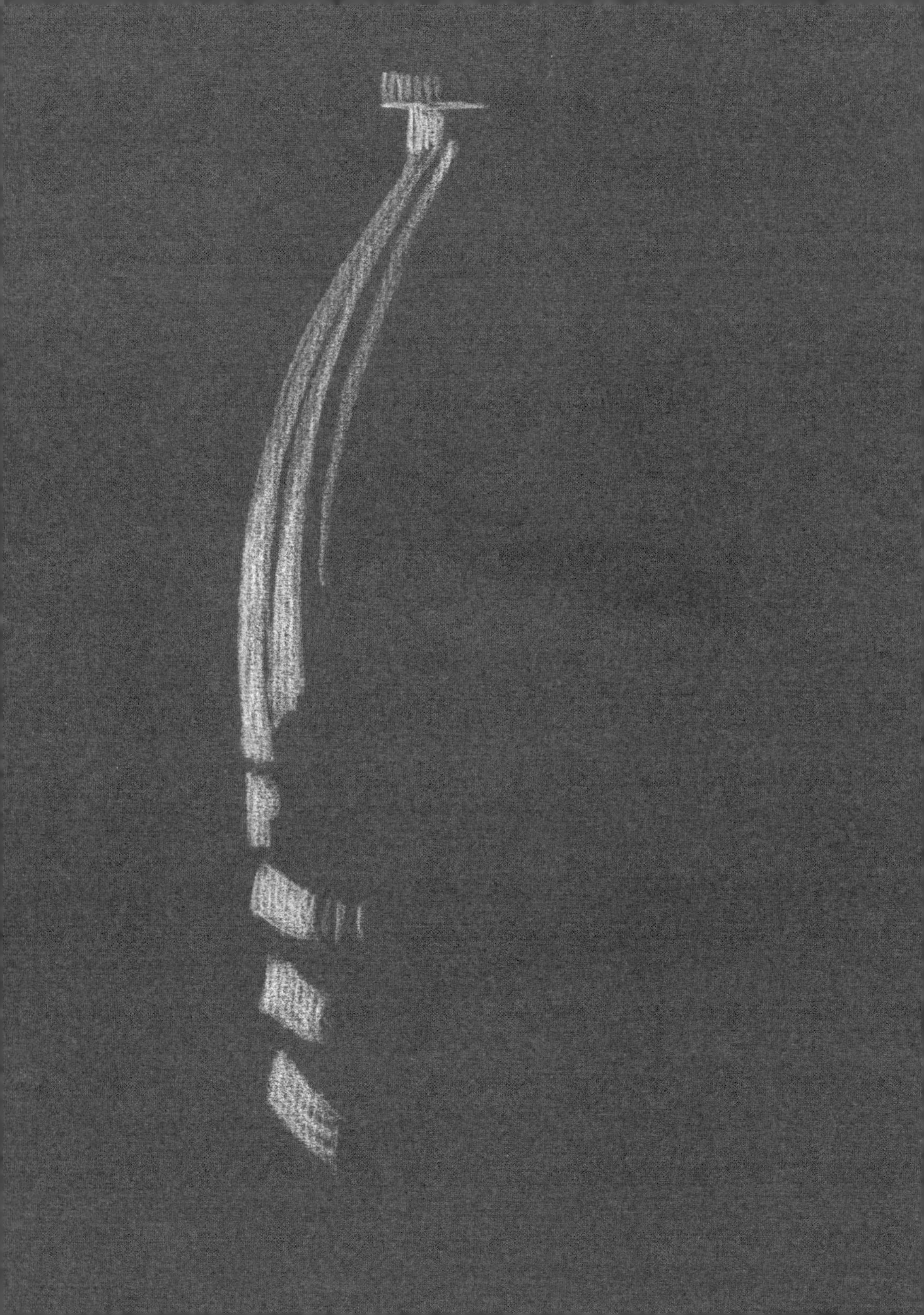

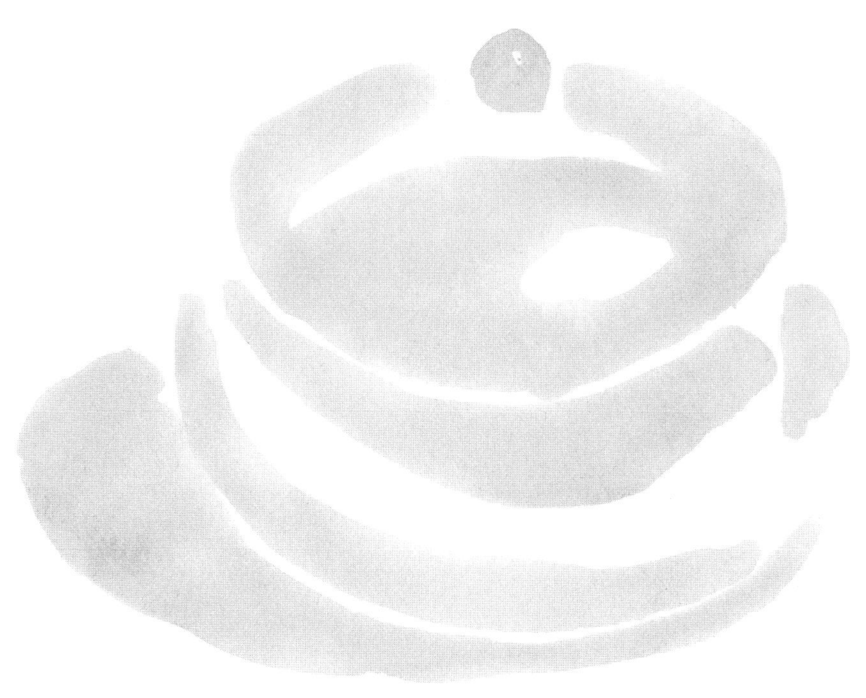

Mit Glanzlichtern die Volumina darstellen.

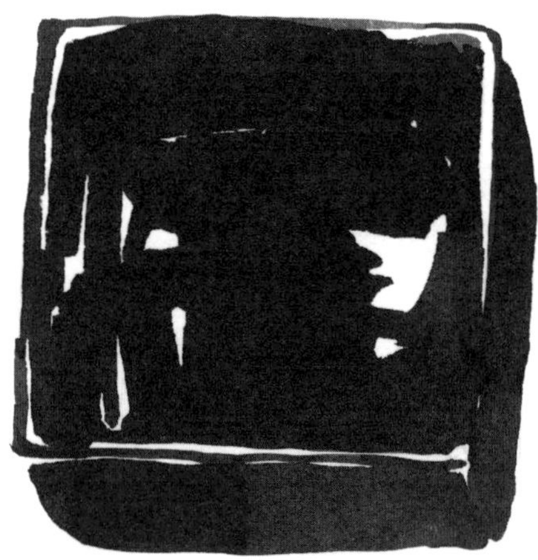

Wie weit verdrängt der Glanz die Zwischentöne?

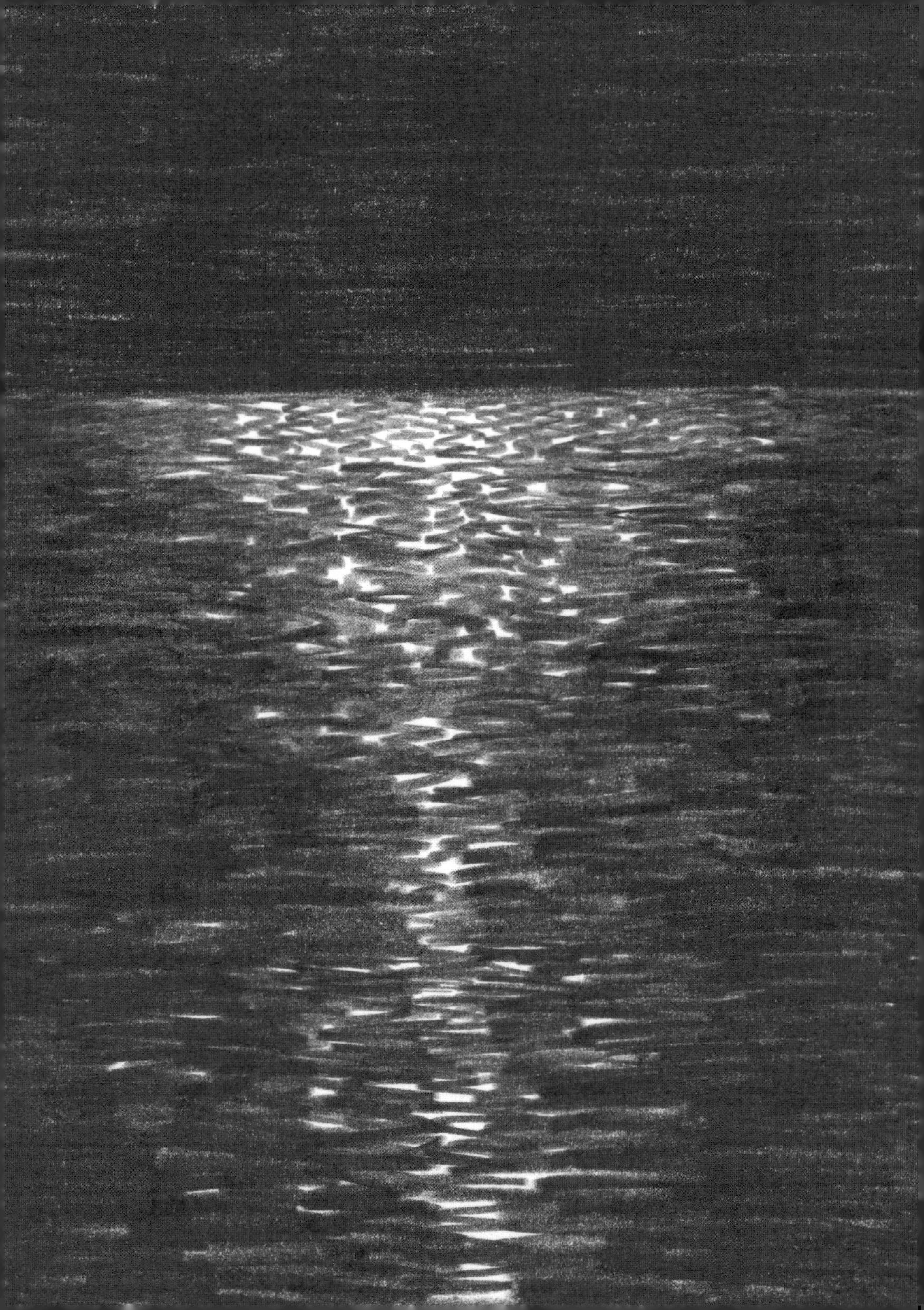

6. Schlagschatten

Der Schatten, der von einem beleuchteten Gegenstand auf eine Fläche fällt, verleiht den dargestellten Dingen eine starke Präsenz und Körperhaftigkeit. Er bindet sie an den Boden. Lange Schlagschatten wie bei Giorgio de Chirico haben enorme Bedeutung für die Komposition, wenn sie Flächen im Bild teilen oder gar auseinanderschneiden. Schlagschatten können die Harmonie stören oder sehr rätselhaft und symbolisch wirken. Nicht nur die traditionelle chinesische, persische und indische Malerei fand wenig Lust am Darstellen von Schlagschatten, auch in der christlichen Kunst des Mittelalters hatten sie keinen Platz. Aus Furcht vor Unheil?

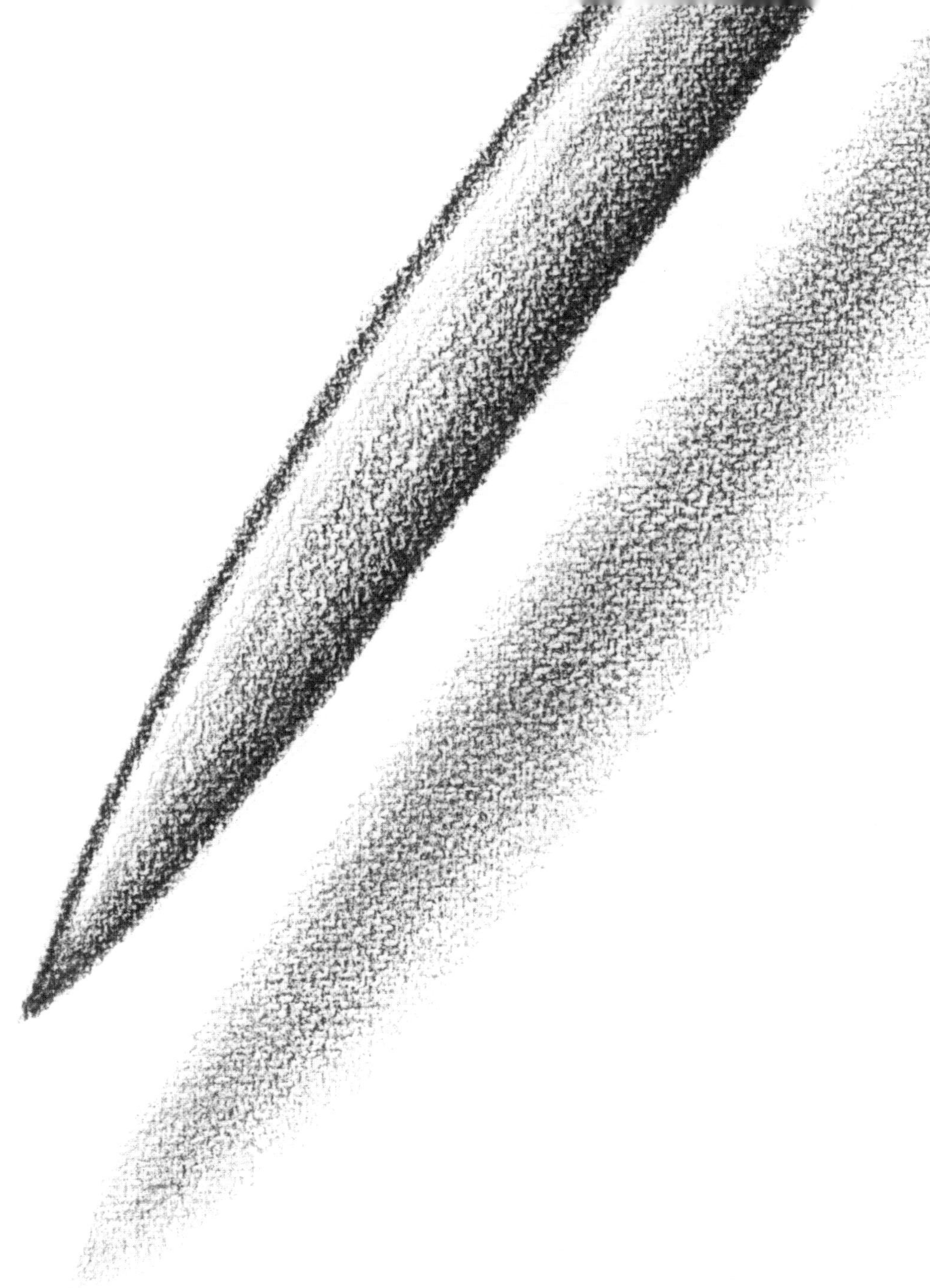

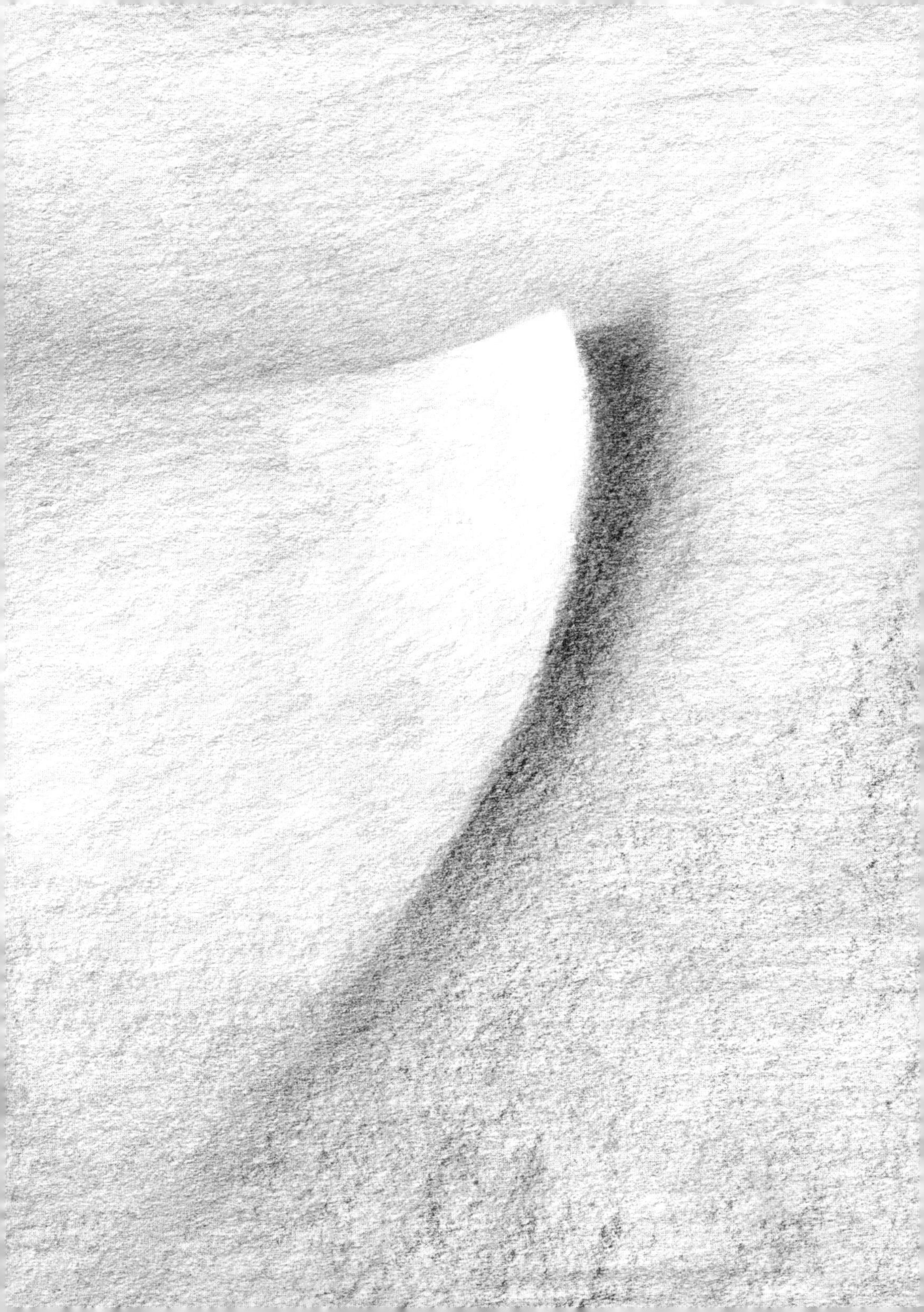

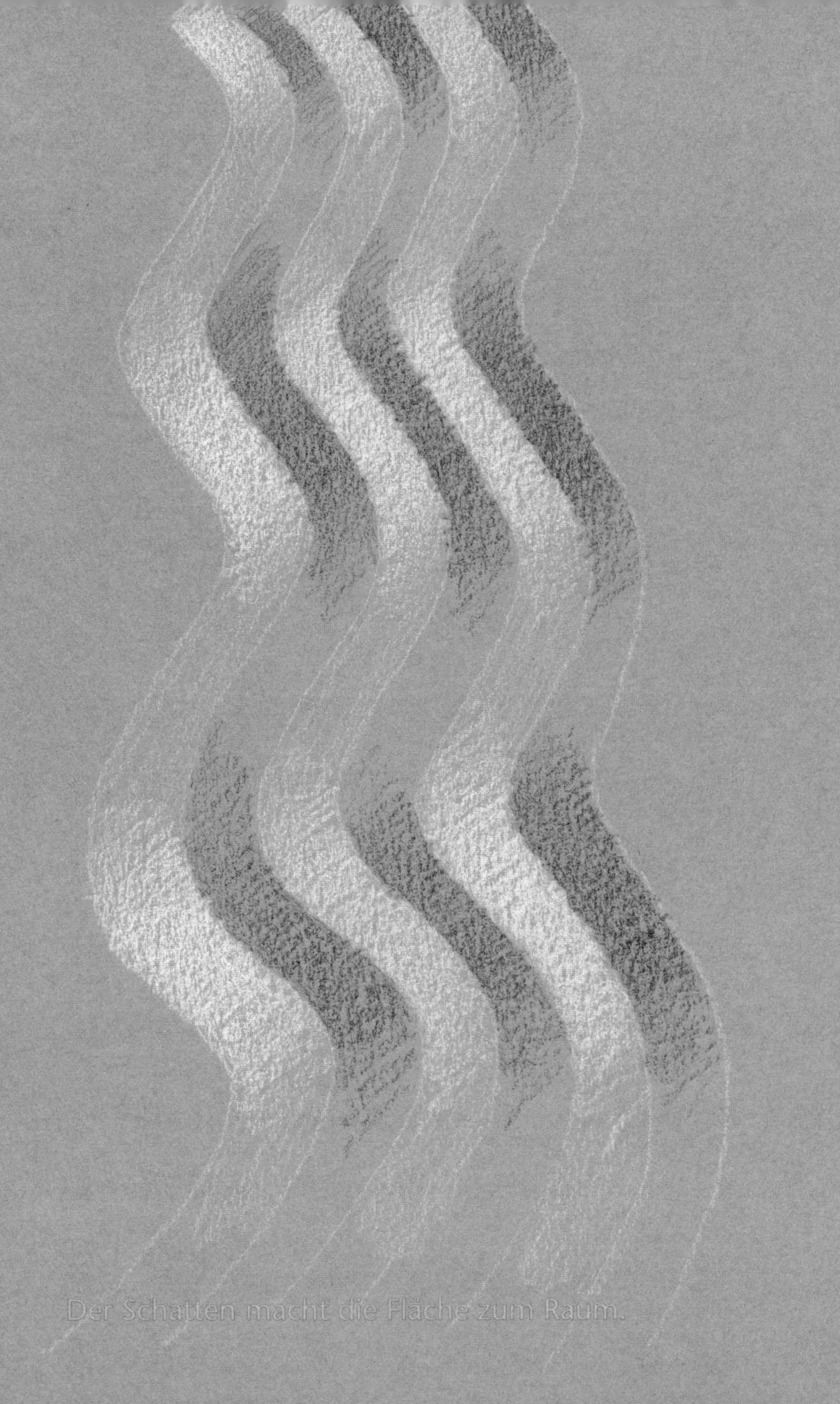

Der Schatten macht die Fläche zum Raum.

Schatten müssen nicht der Wahrheit entsprechen,
um glaubhaft zu wirken.

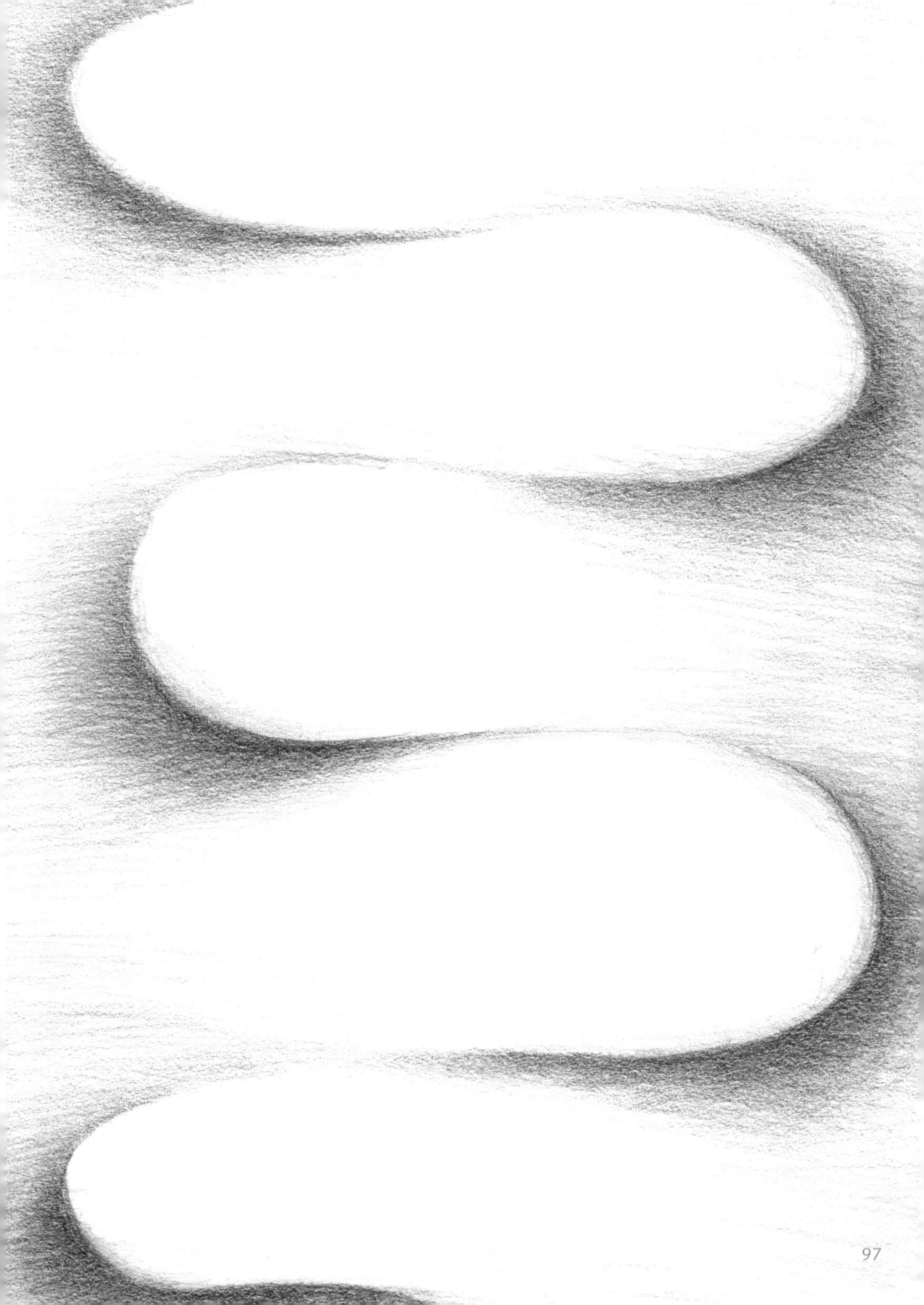

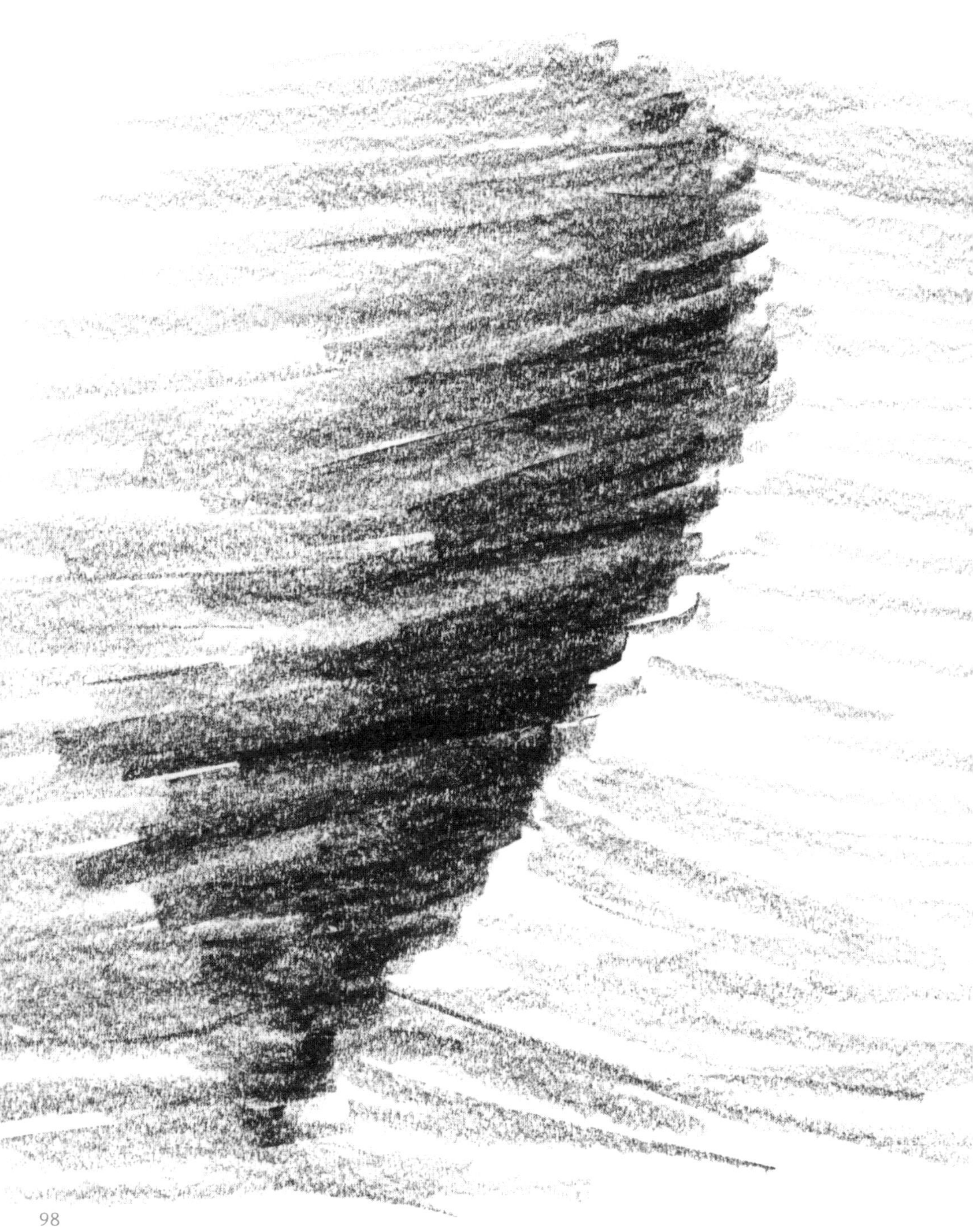

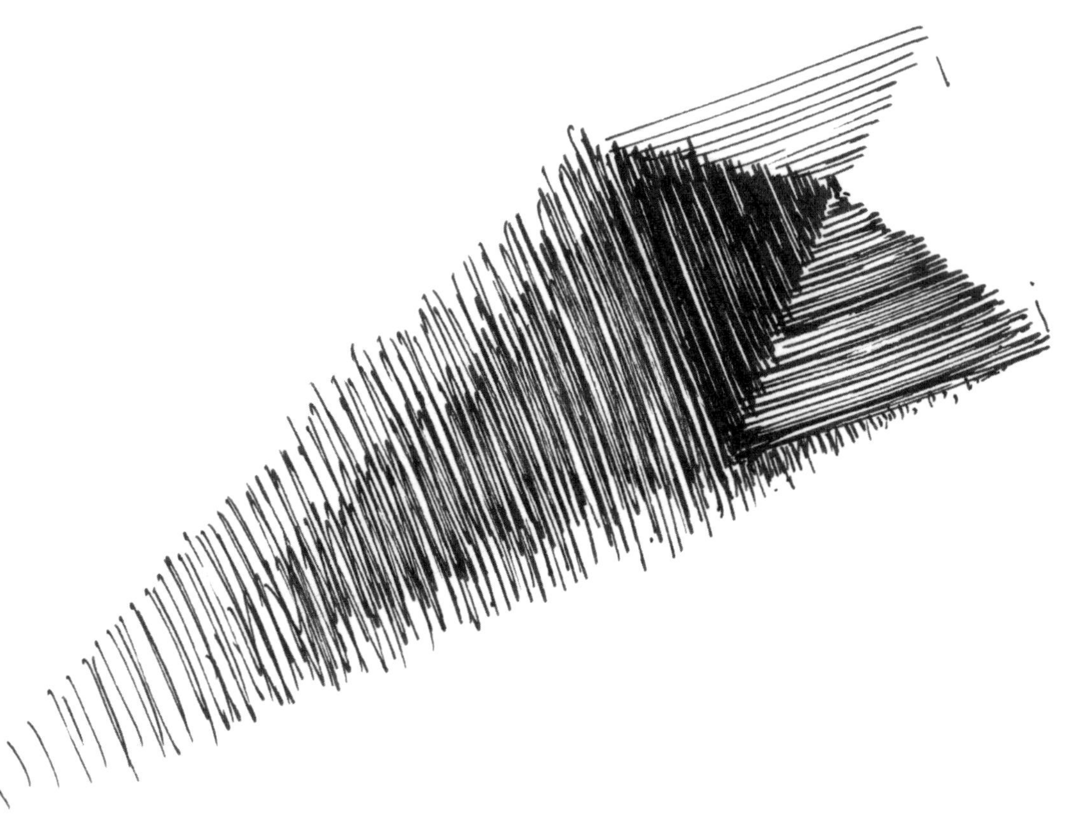

Im Schlagschatten setzt sich der Körperschatten fort.

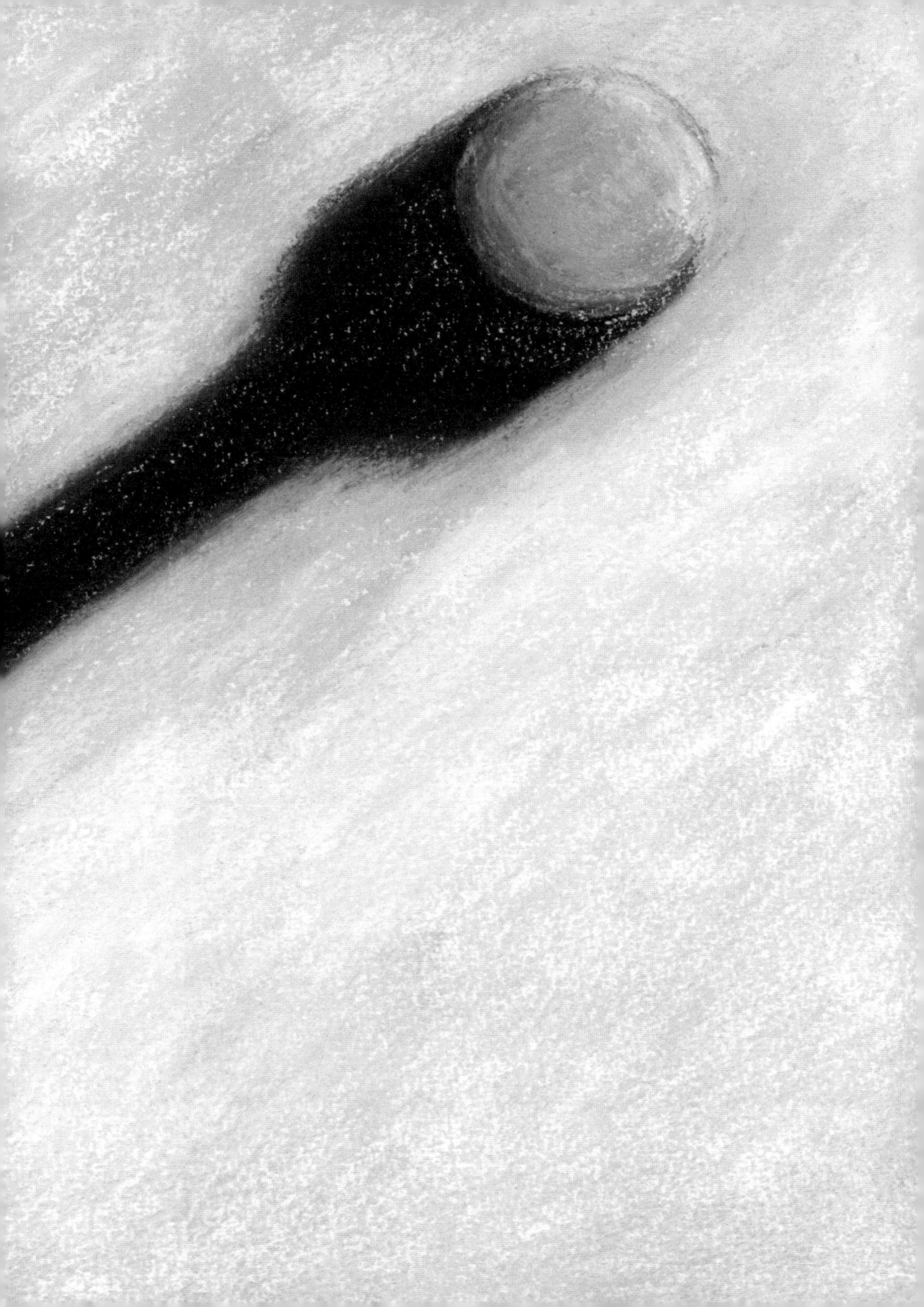

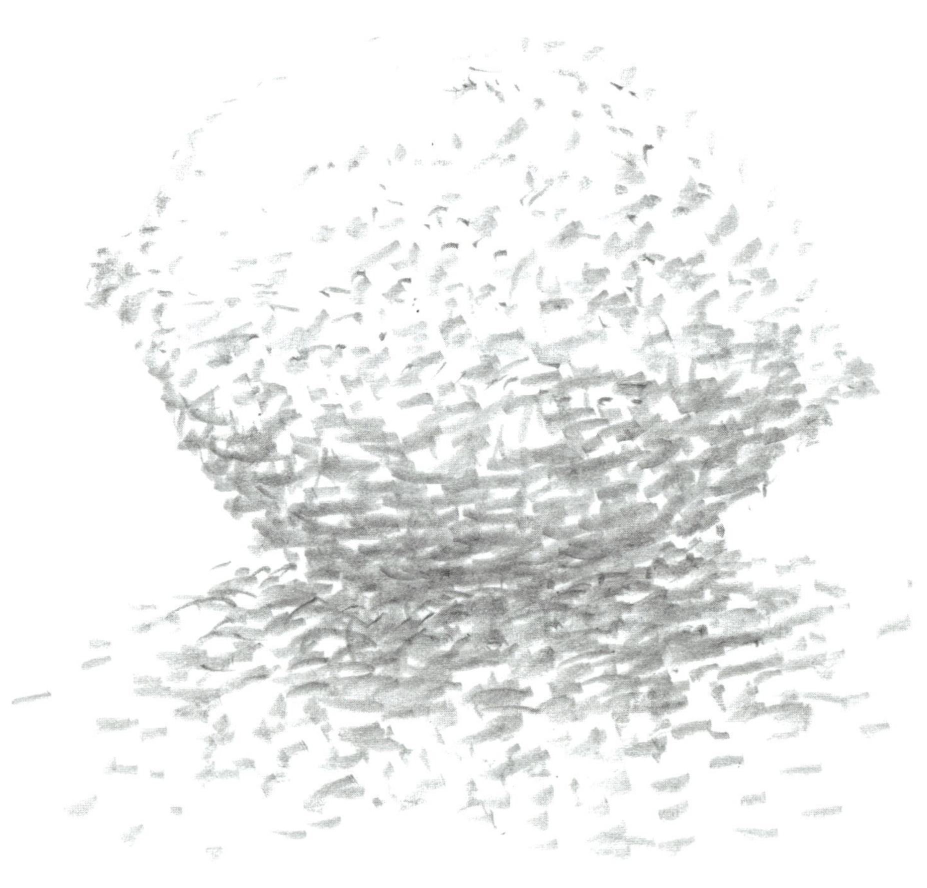

Schlagschatten verbinden Dinge mit der Ebene.
Sie geben ihnen Halt in der Zeichenfläche.

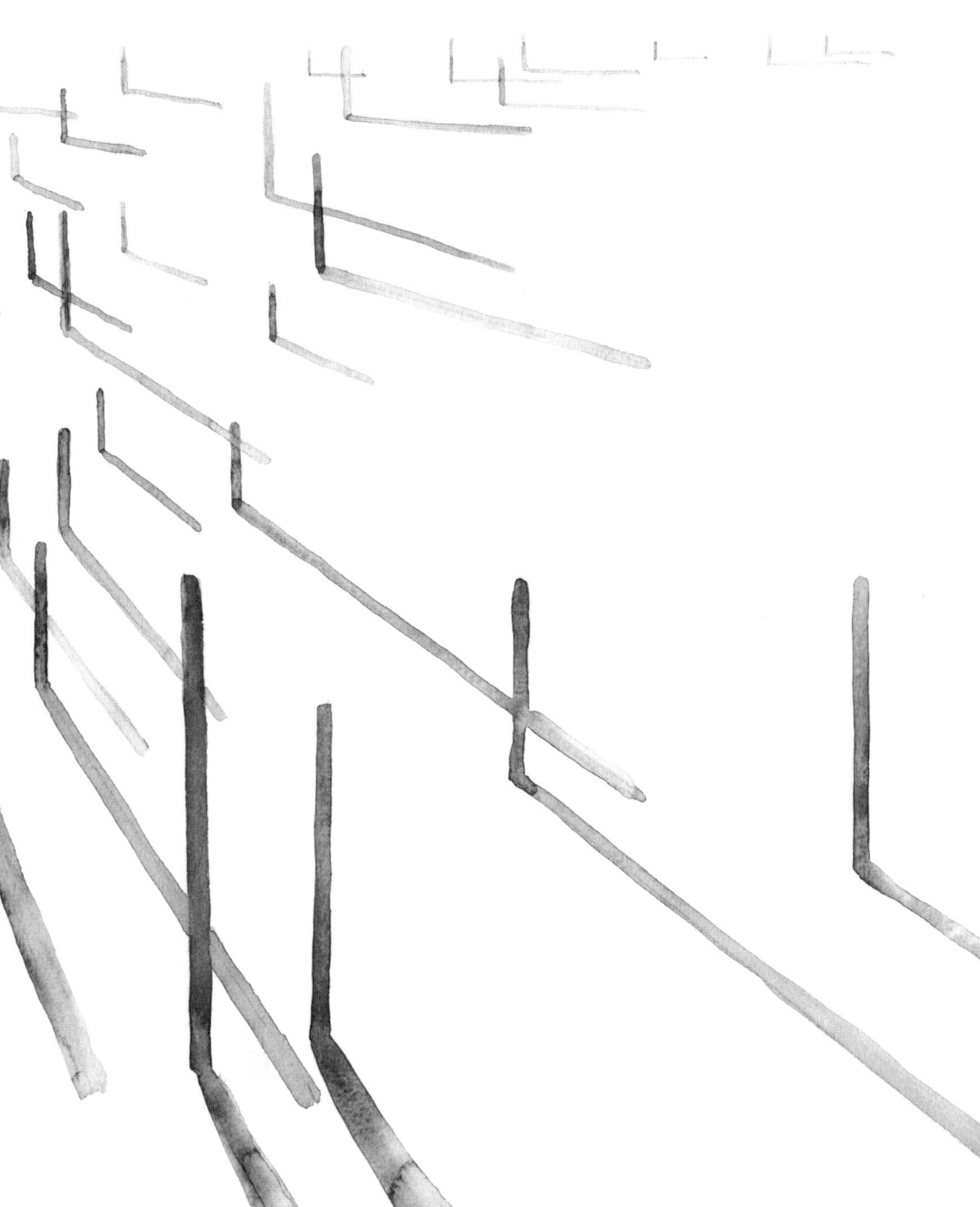

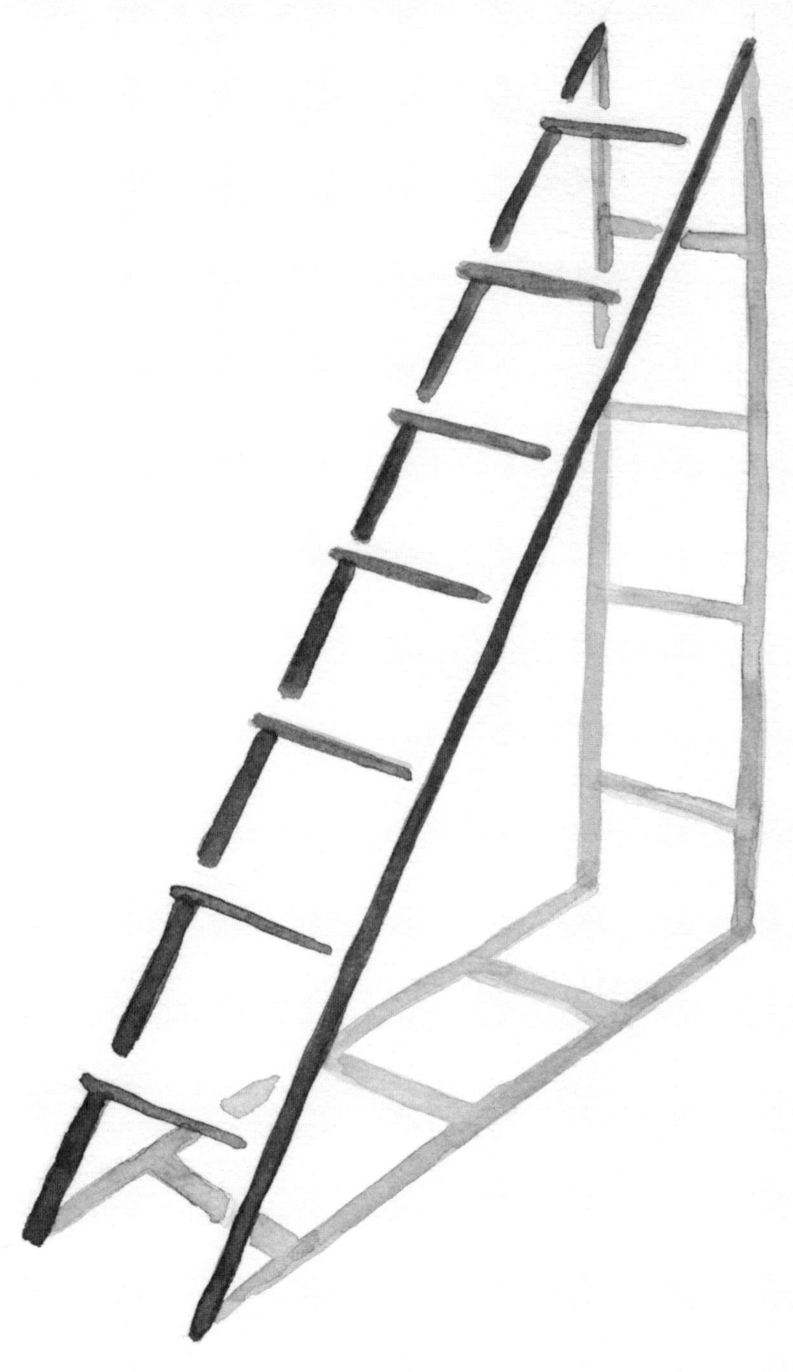

Schatten hinter den Objekten – und der Raum wird vorstellbar.

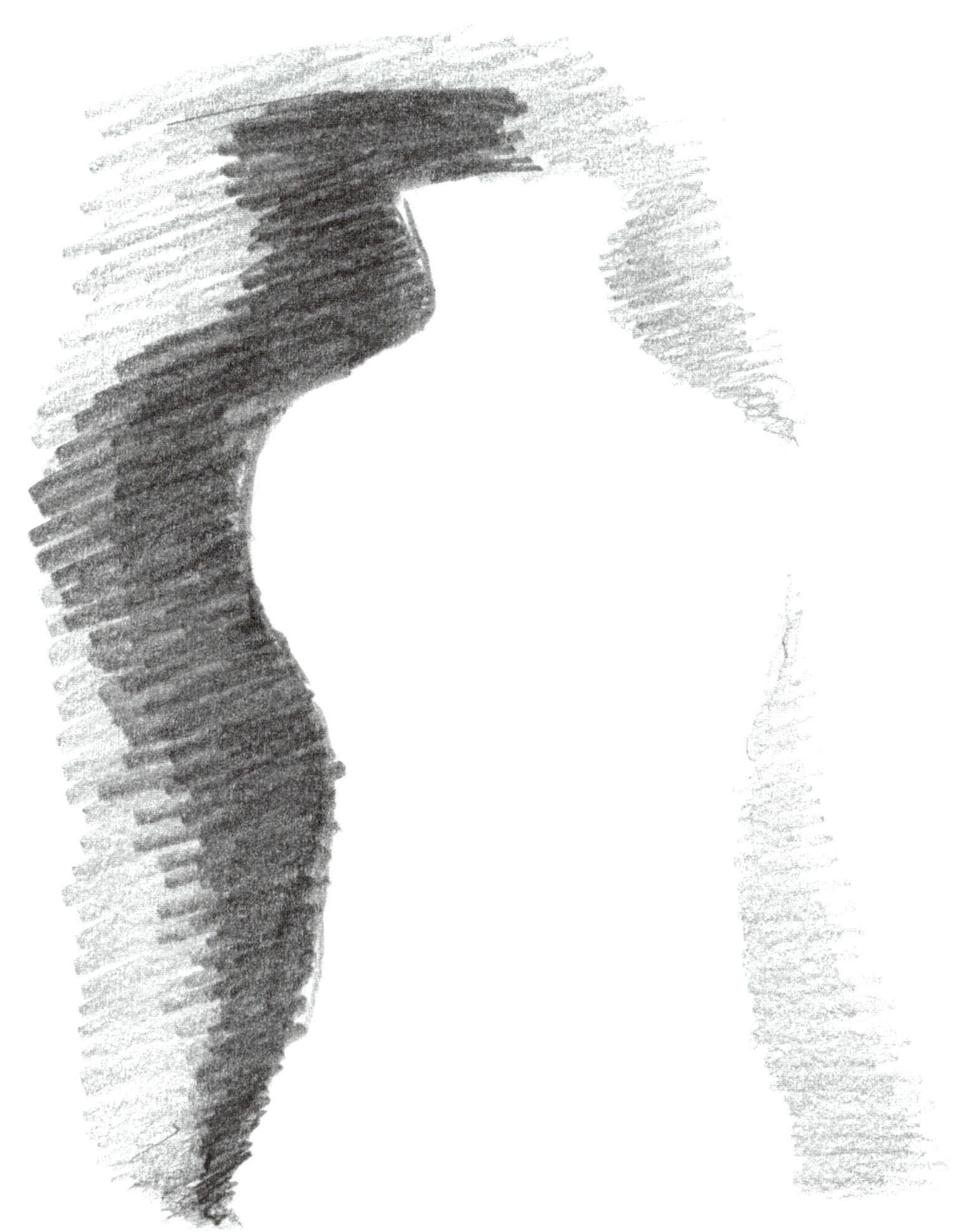

Durch den Schlagschatten rückt die Form deutlich nach vorne. Diesen Effekt haben sich früher viele Porträtmaler zu Eigen gemacht, um dem Modell mehr Präsenz zu verleihen.

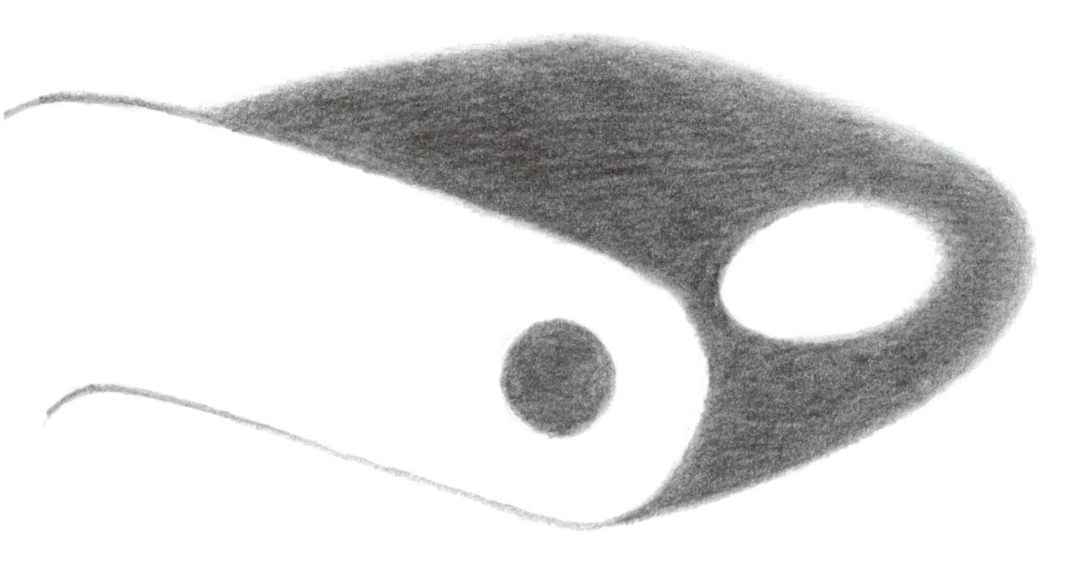

Verzerrte und lange Schatten von Rundungen und Objekten
lassen sich am besten aus der Beobachtung zeichnen.

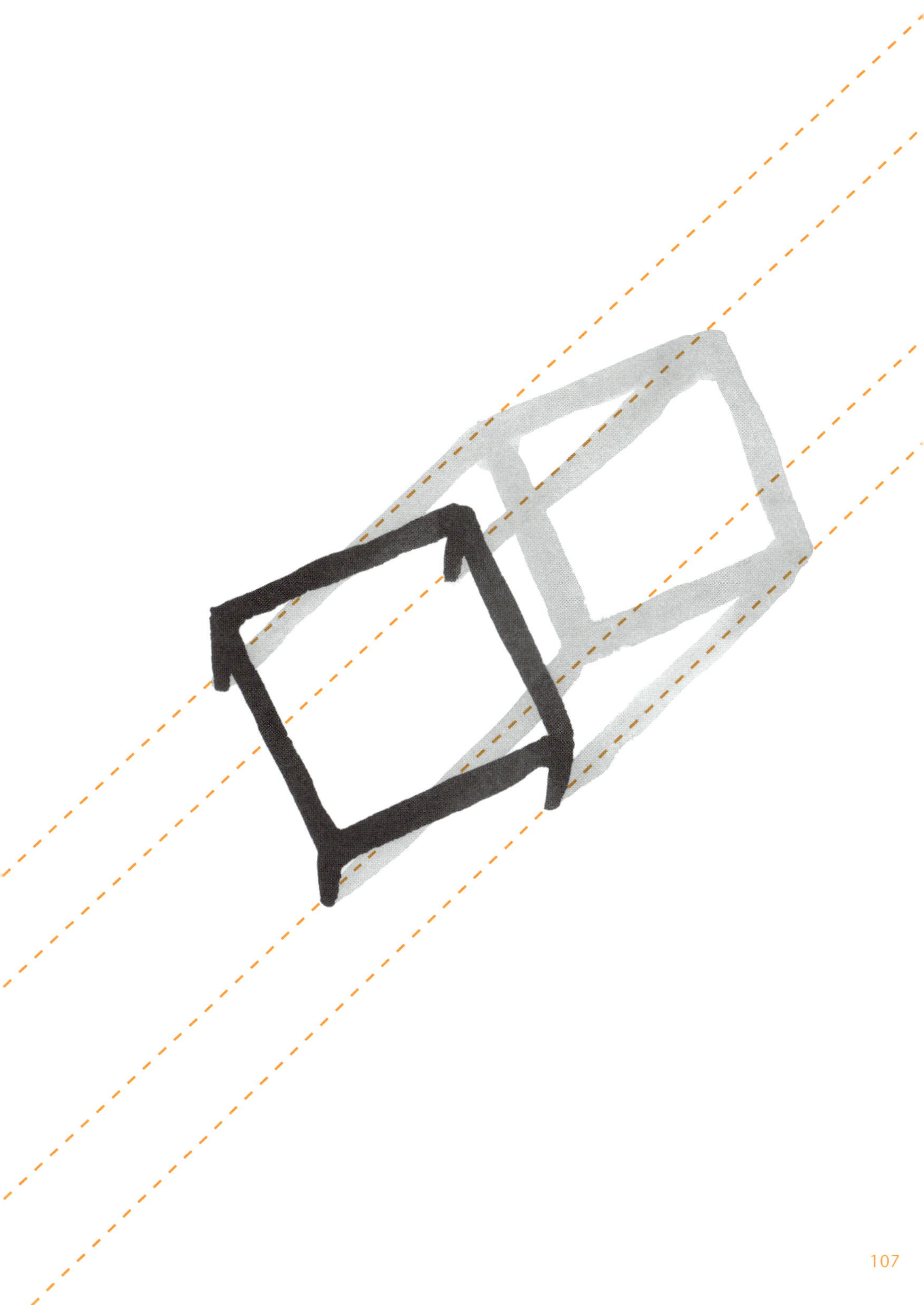

Ein großer, dominanter Schatten gibt der Komposition eine neue Ausrichtung.

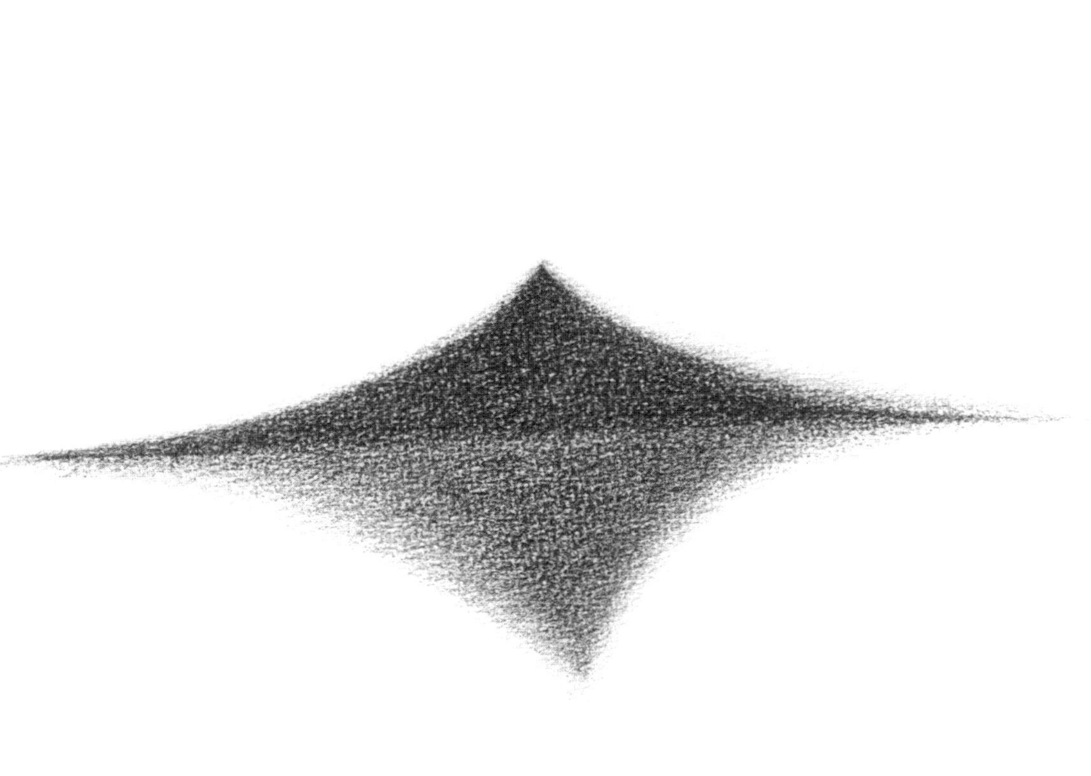

Der Schatten, ein Abbild.

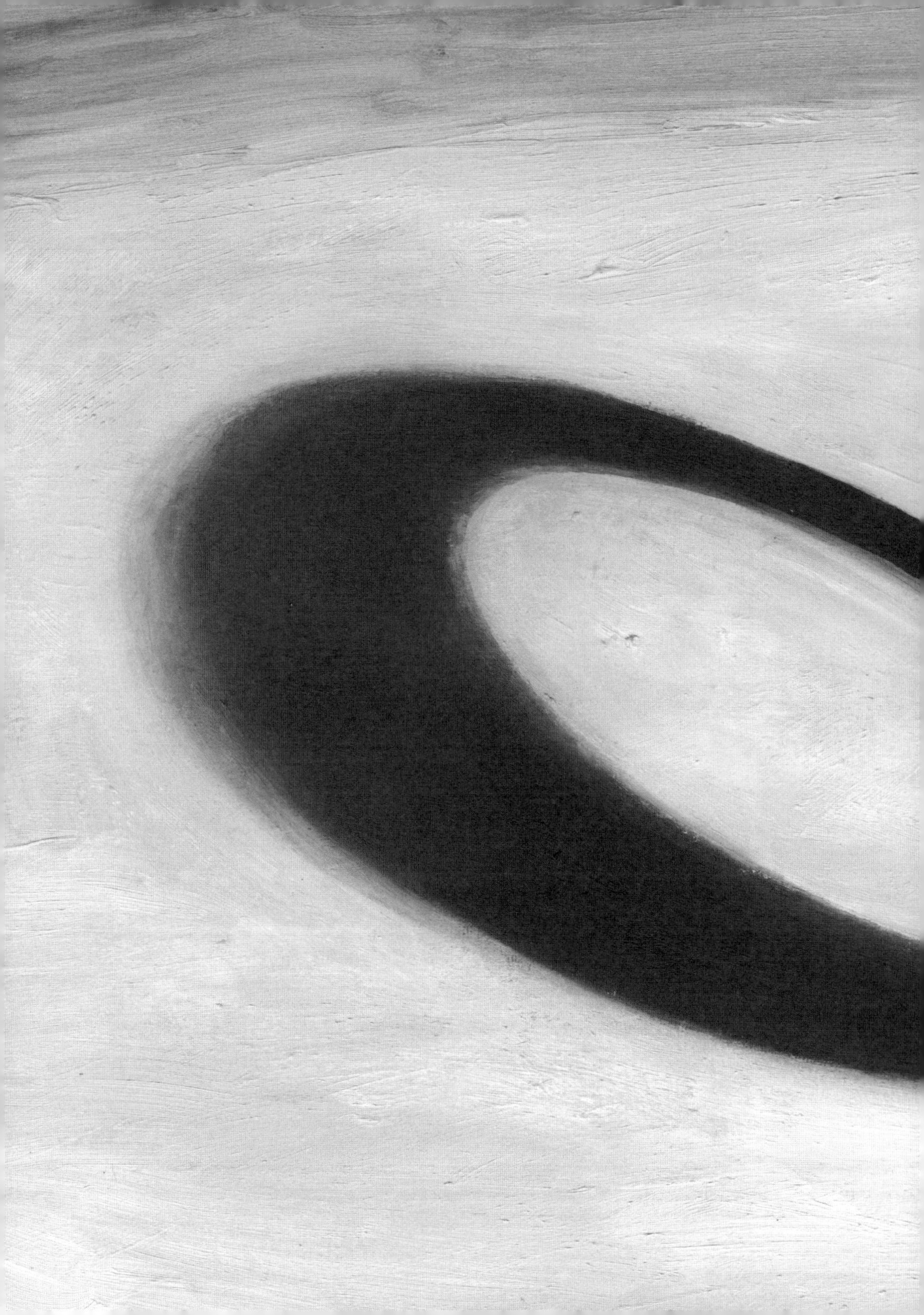

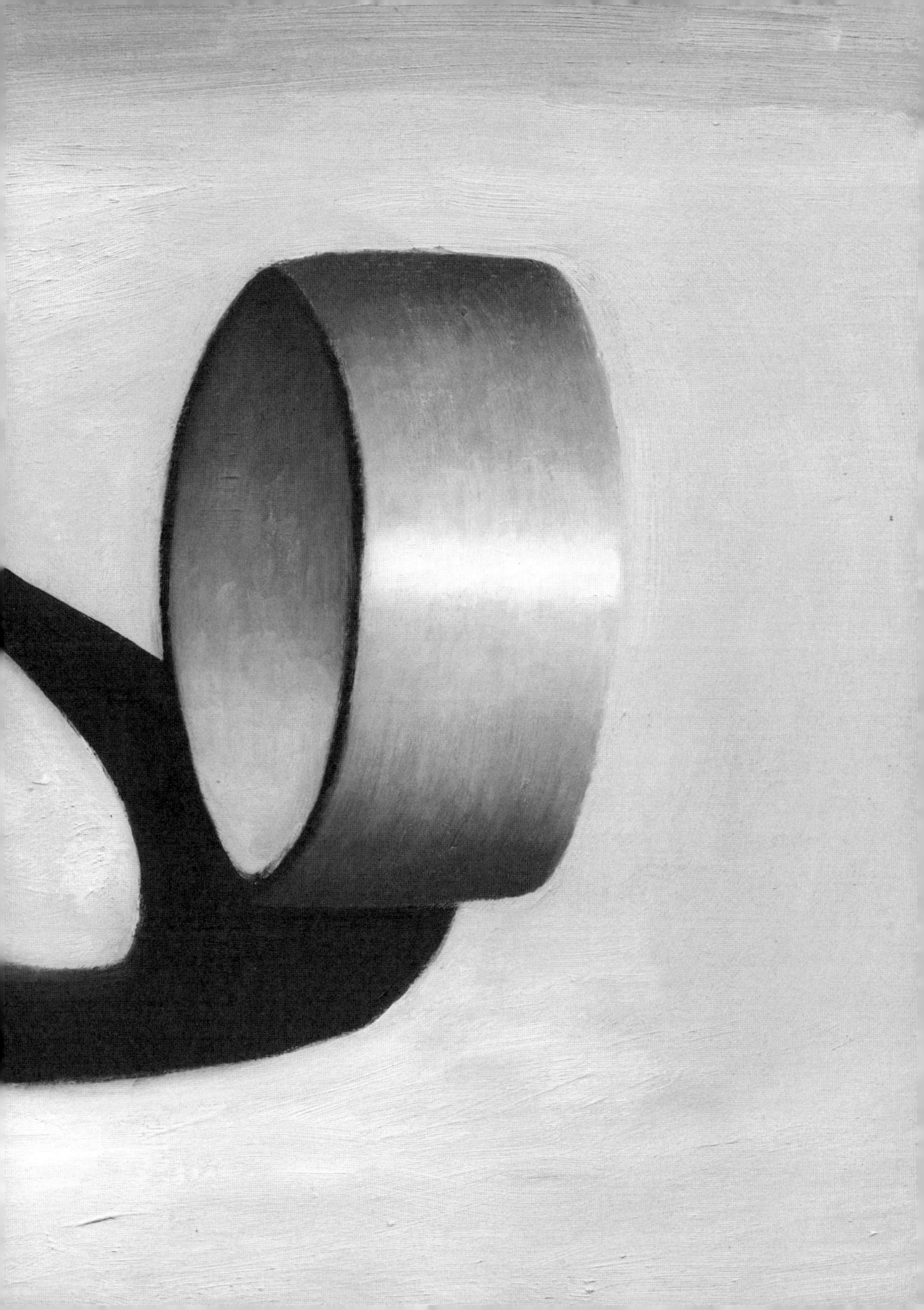

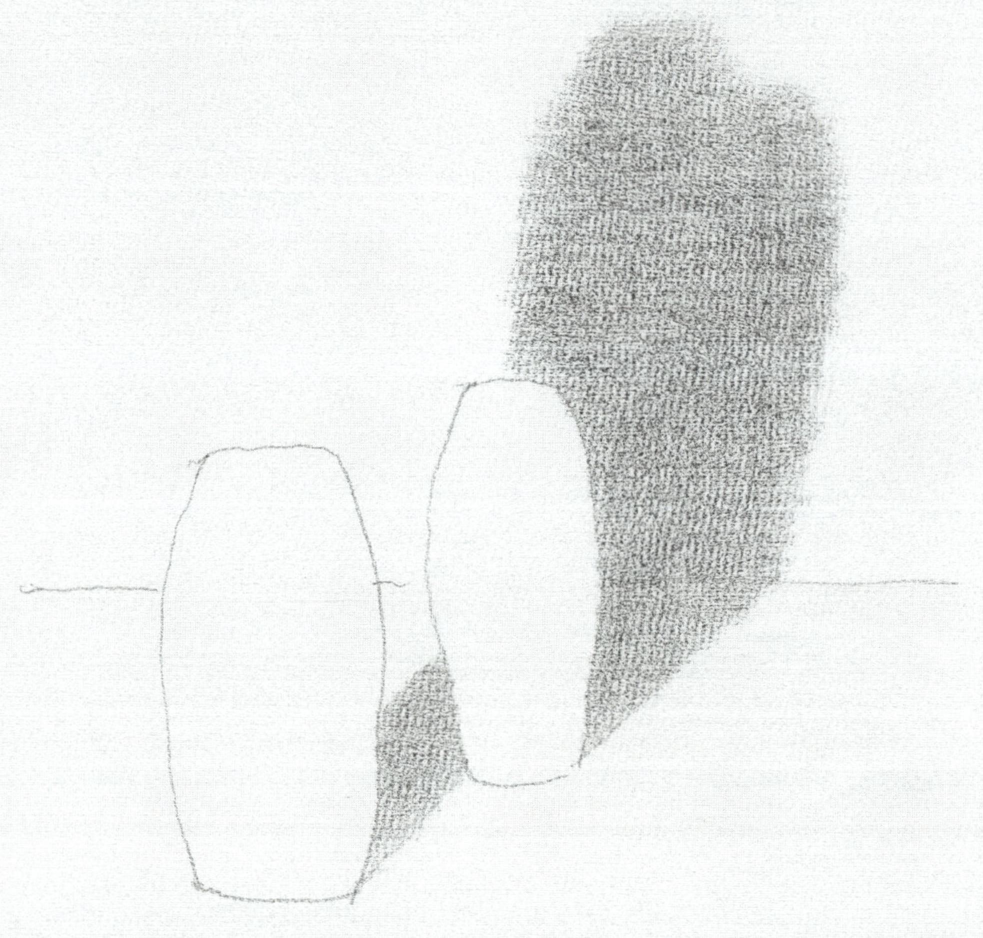

Zwei Dinge vereinen sich in ihrem Schatten.
Dunkler wird er dadurch nicht.

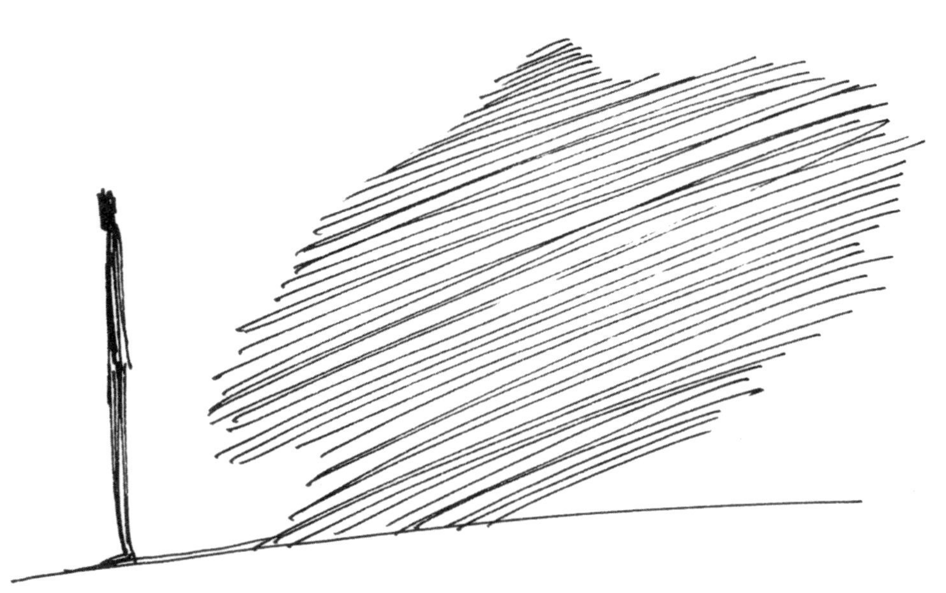

Trügerische Schatten.

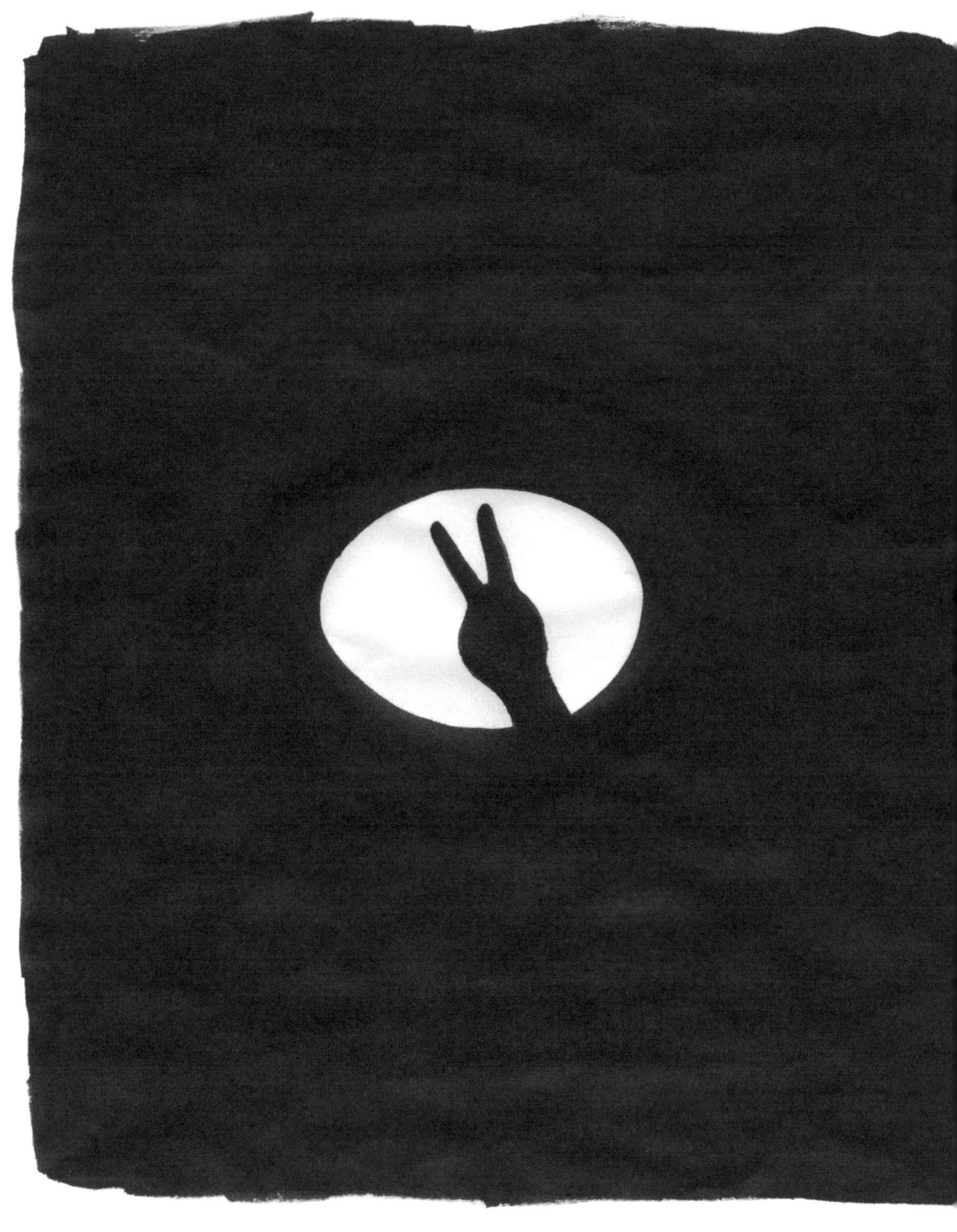

Im Schattenspiel verheimlicht der Schatten seinen Ursprung.

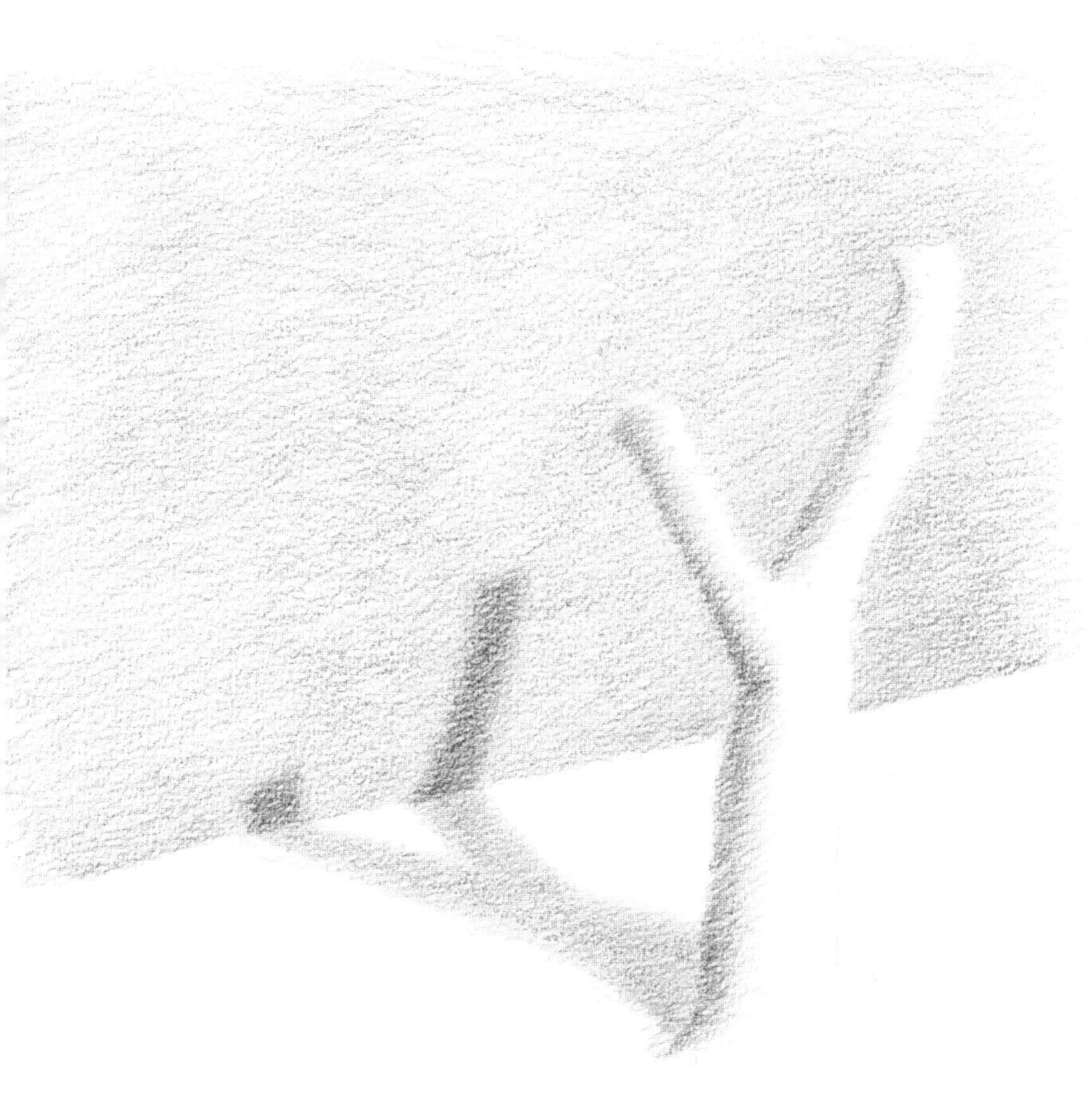

Trifft der Schatten auf eine dunkle Fläche, wird er noch dunkler.

Halbschatten

Der Kernschatten ist der sehr dunkle Schattenbereich, in den kein Licht vordringt.

In die halbschattigen Bereiche dagegen
fällt ein Teil des Lichts.

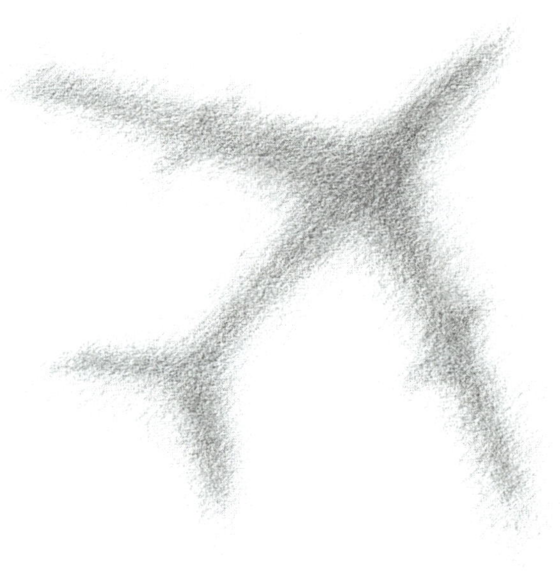

Die Unschärfe der Schatten nimmt mit der Entfernung der Objekte zu.

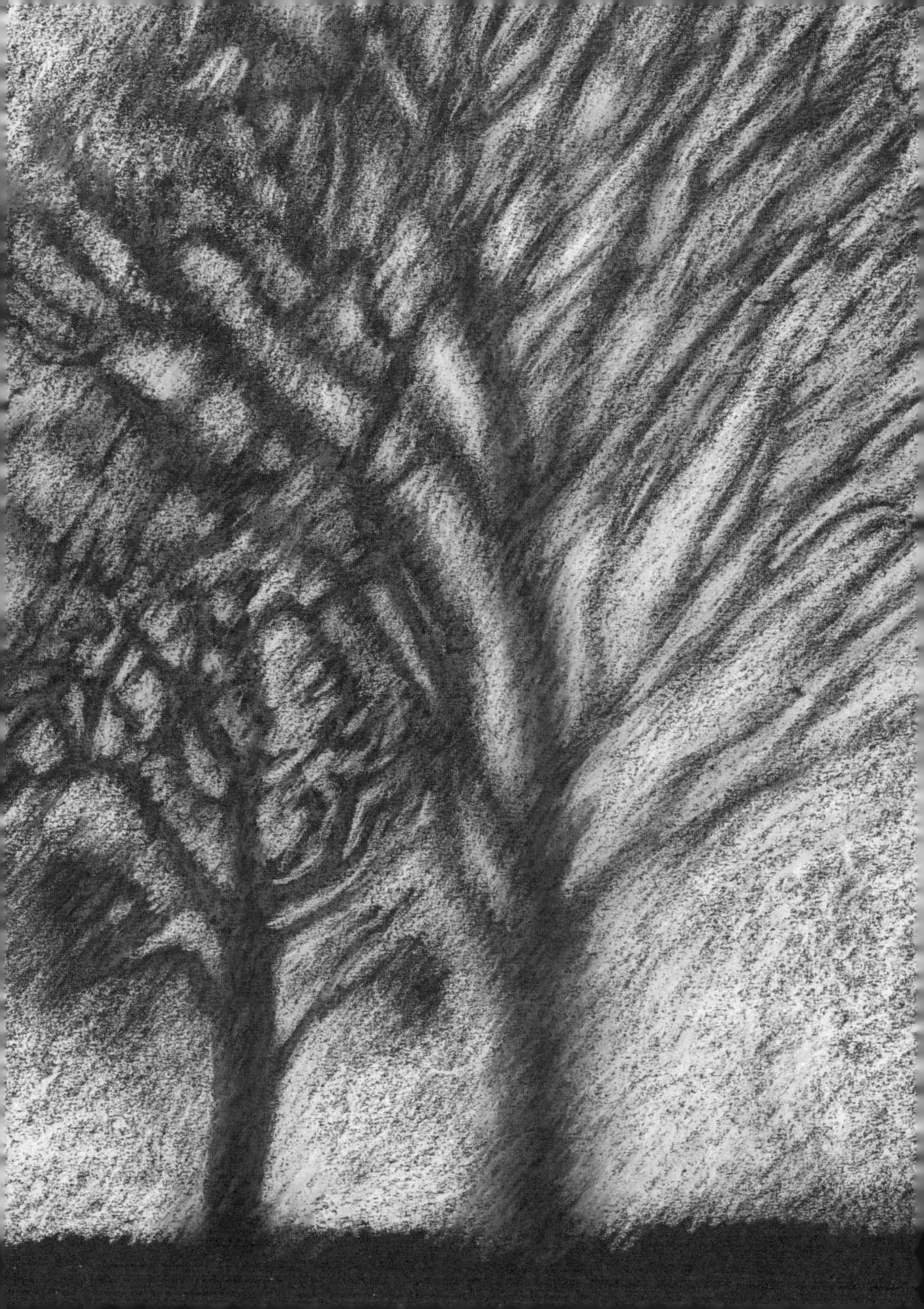

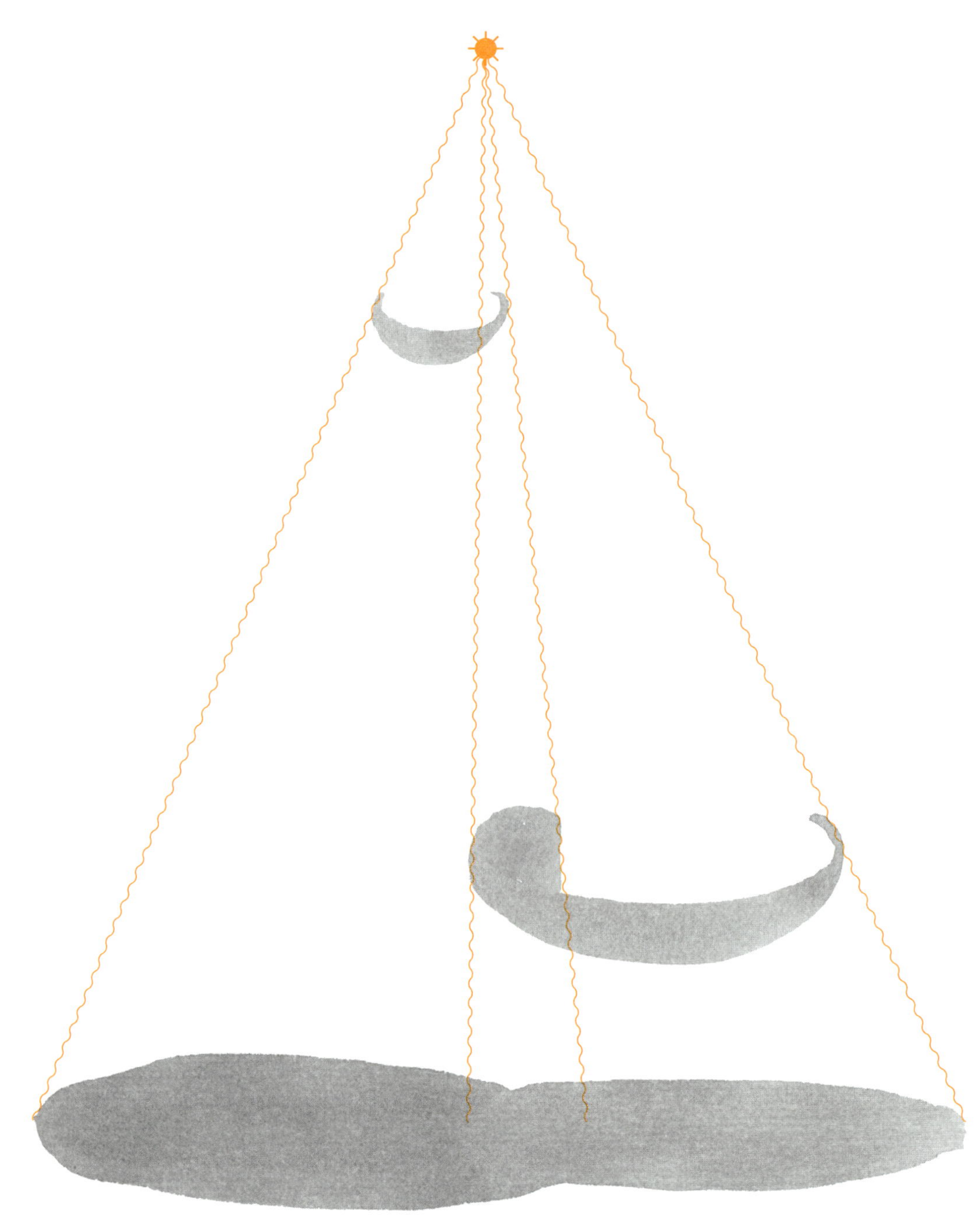

Bei Lampen: Der Schatten ist größer als die Körper,
er wächst mit dem Abstand zum Objekt.

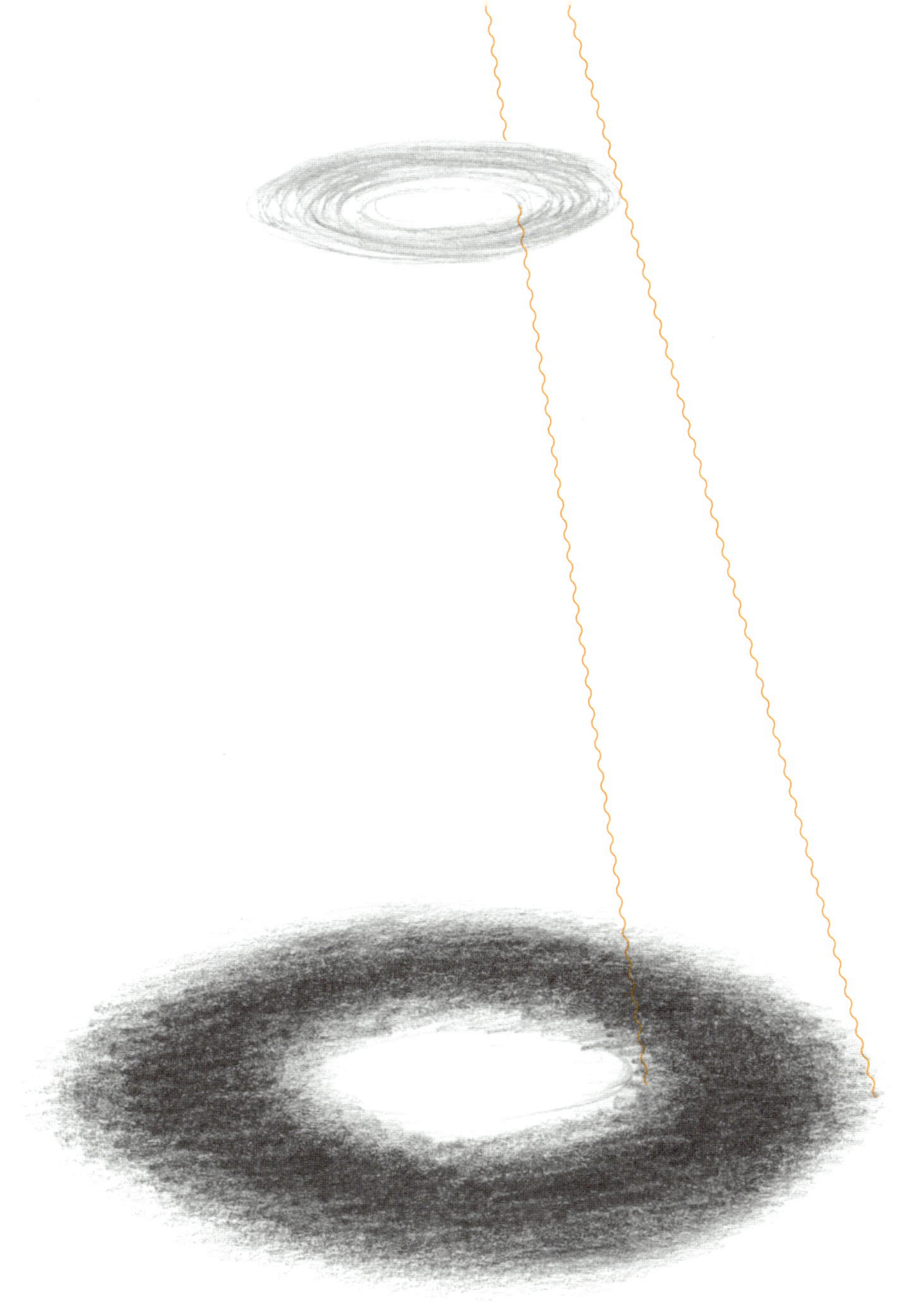

Je näher das Objekt der Leuchte kommt, desto größer wird sein Schatten.

7. Schattenkonstruktion

Nicht immer ist der exakte Schattenverlauf entscheidend für die Bildwirkung. Aber manchmal will man es genau wissen. Die Schatten von parallelen Gebäudekanten münden in der perspektivischen Zeichnung wie alle parallelen Bodenlinien in einem Fluchtpunkt. Um die Länge der Schatten zu konstruieren, müssen die Position der Sonne und die Lage des Horizonts festgelegt werden. Der Schattenfluchtpunkt liegt auf dem Horizont, bei Gegenlicht senkrecht unter der gezeichneten Sonne. Der Schnittpunkt aus Schattenfluchtlinie und Sonnenstrahl definiert die Länge des Objektschattens. Steht die Sonne im Rücken des Betrachters, wird es komplizierter: Der Lichtfluchtpunkt kommt ins Spiel – ein hilfreicher Assistent beim Zeichnen.

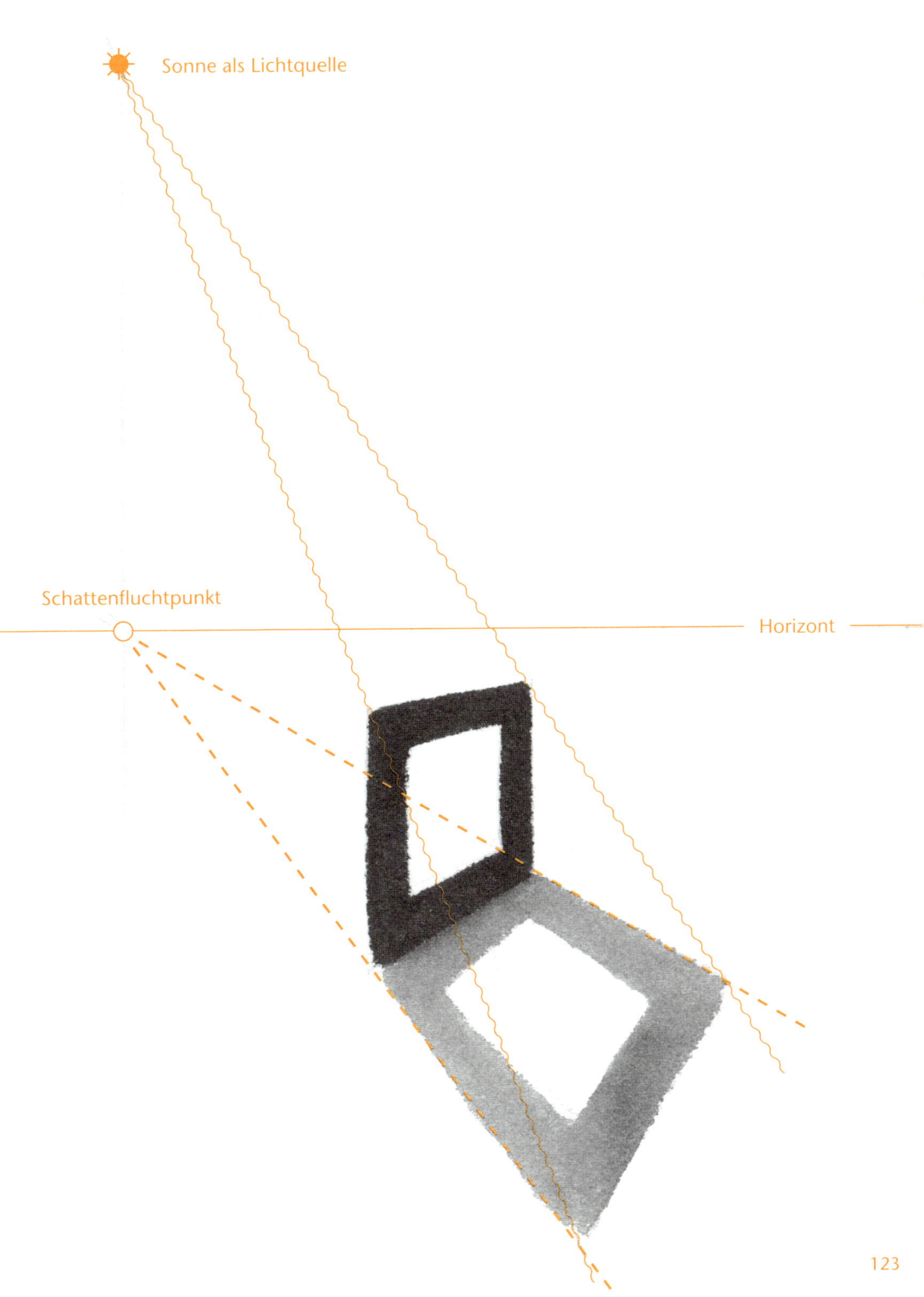
Sonne als Lichtquelle
Schattenfluchtpunkt
Horizont

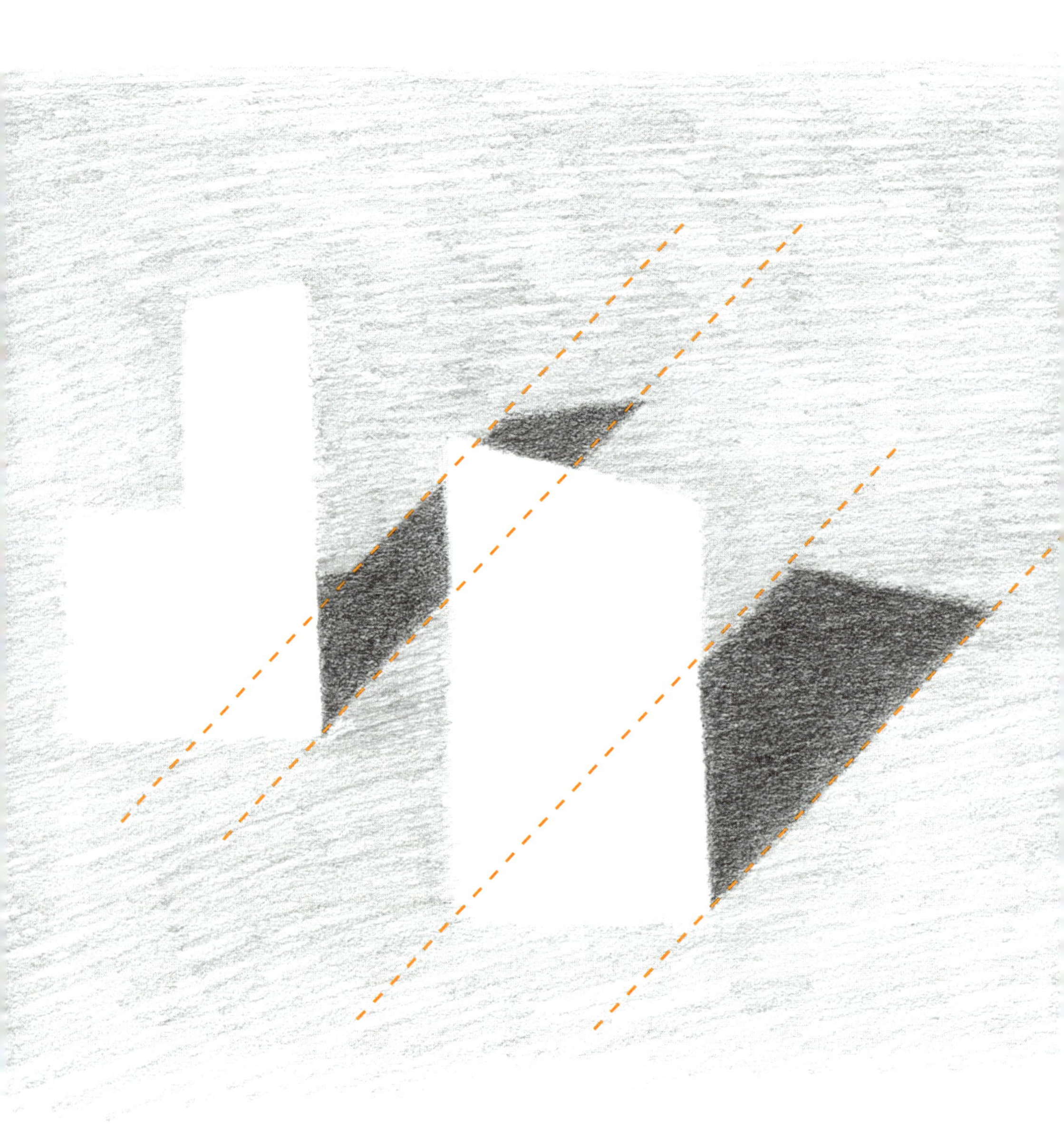

Parallelperspektivische Darstellung: Schatten bleiben parallel.

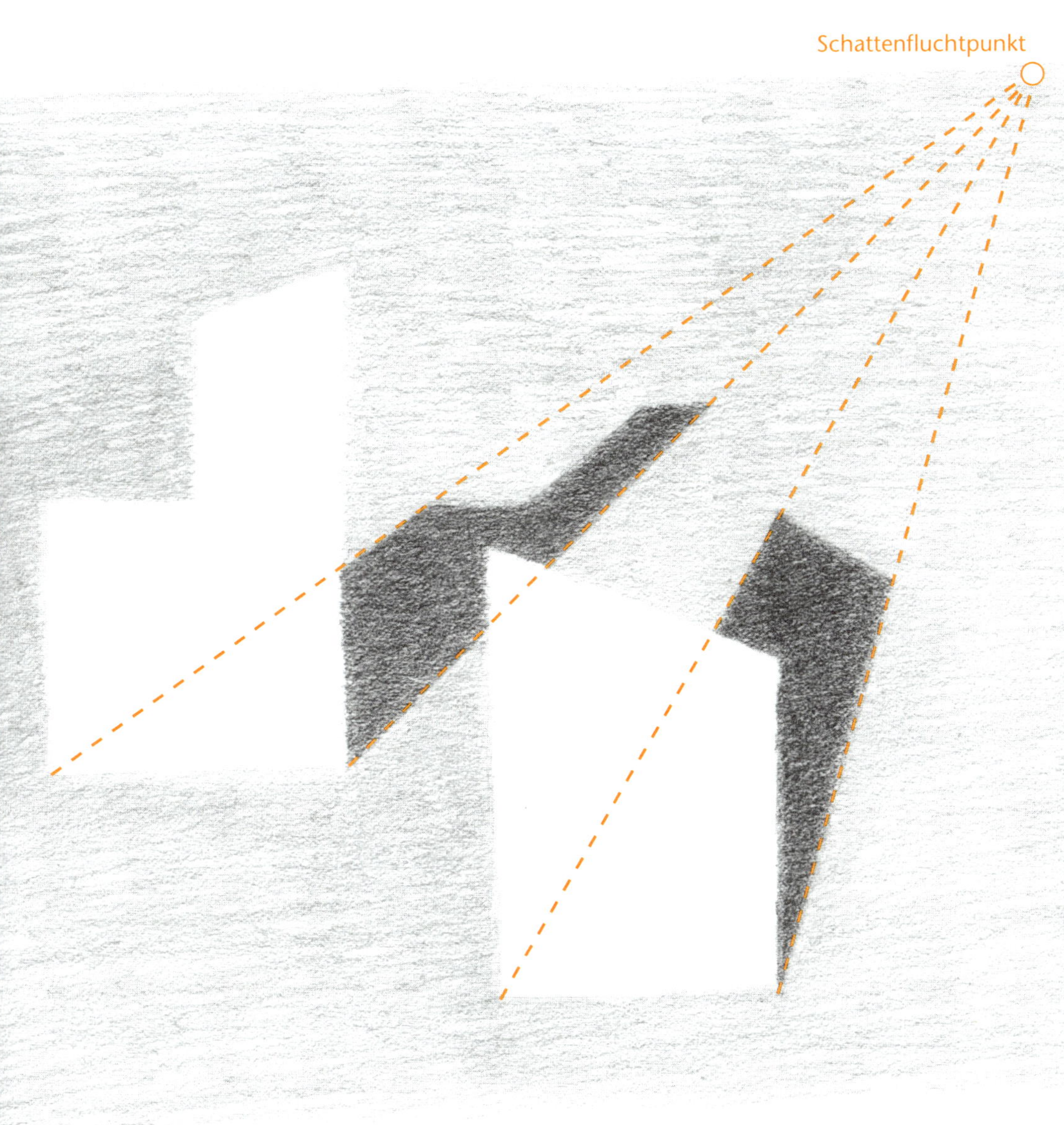

In der Zentralperspektive werden die eigentlich parallelen Schatten nach hinten kleiner, sie richten sich auf den Schattenfluchtpunkt aus. Dieser liegt auf dem Horizont.

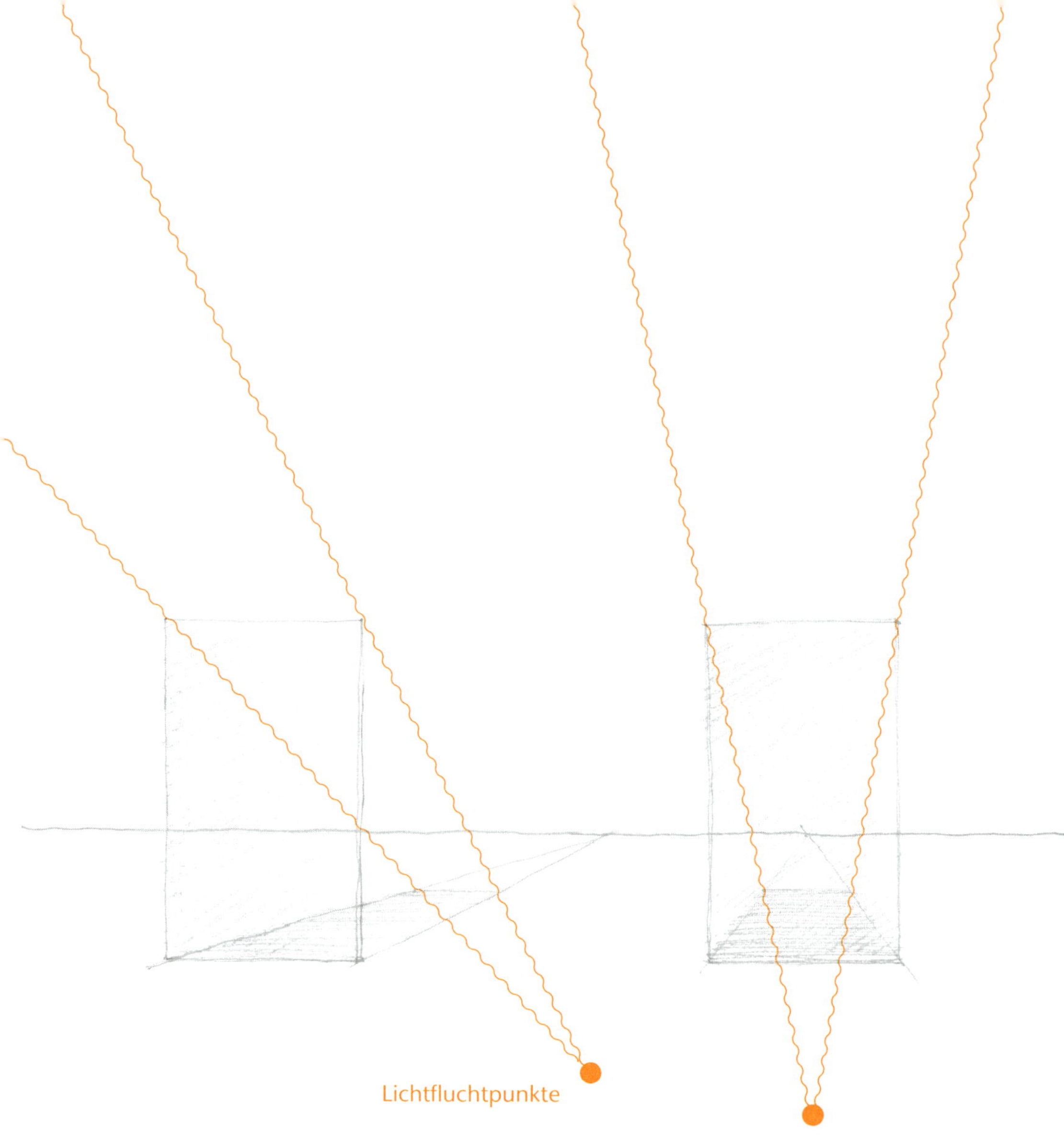

Verschiedene Mitlichtsituationen bei unterschiedlichem Sonnenstand: Die Sonnenstrahlen laufen in imaginären Lichtfluchtpunkten zusammen, die senkrecht unter den Schattenfluchtpunkten liegen. Mit ihrer Hilfe lässt sich die Länge der Schatten bestimmen.

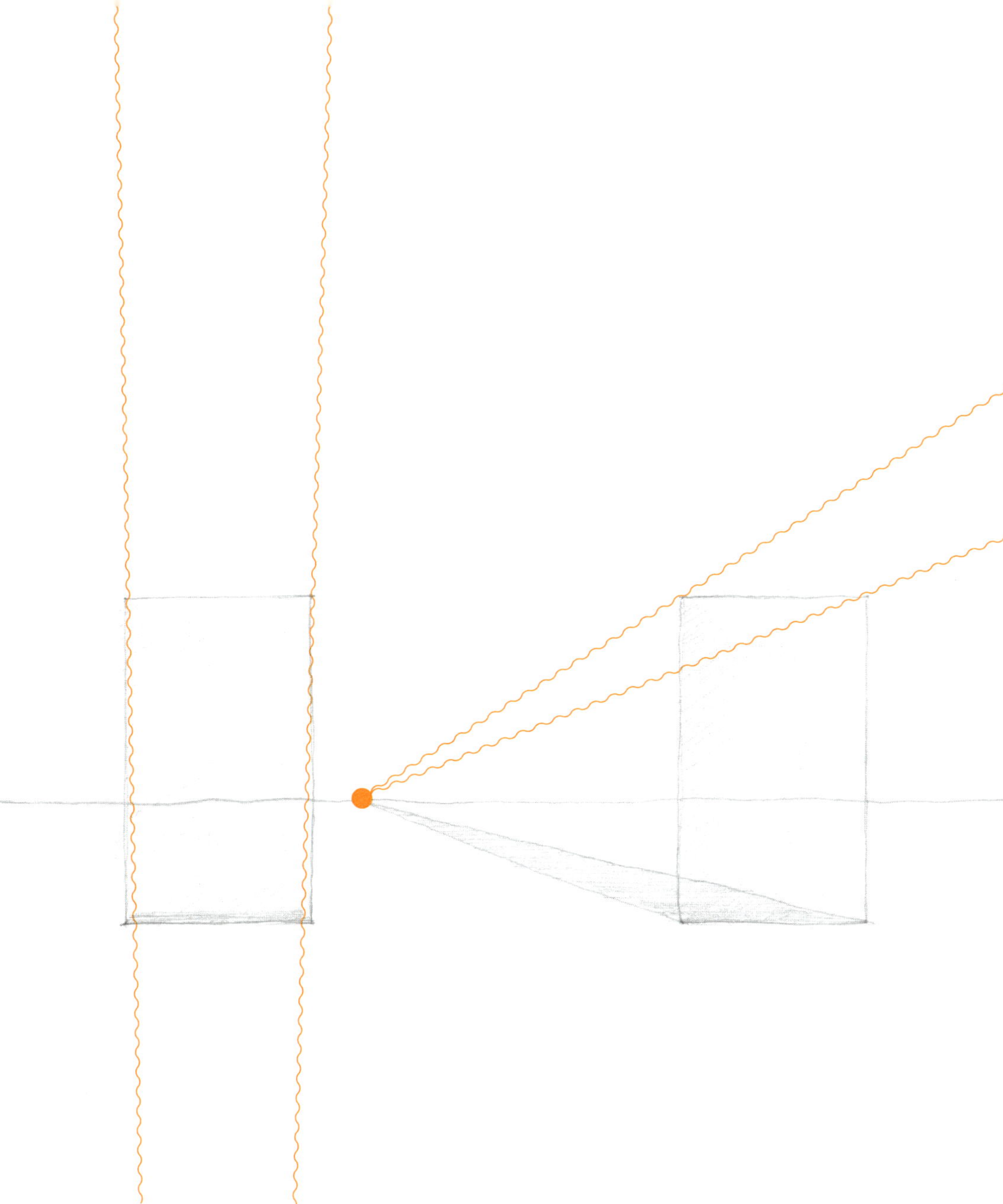

Je höher die Sonne über dem Objekt steht, desto paralleler sehen ihre Strahlen aus, weil der Lichtfluchtpunkt sehr weit unten liegt. Rechts steht die Sonne so tief, dass der Lichtfluchtpunkt deckungsgleich mit dem Schattenfluchtpunkt wird.

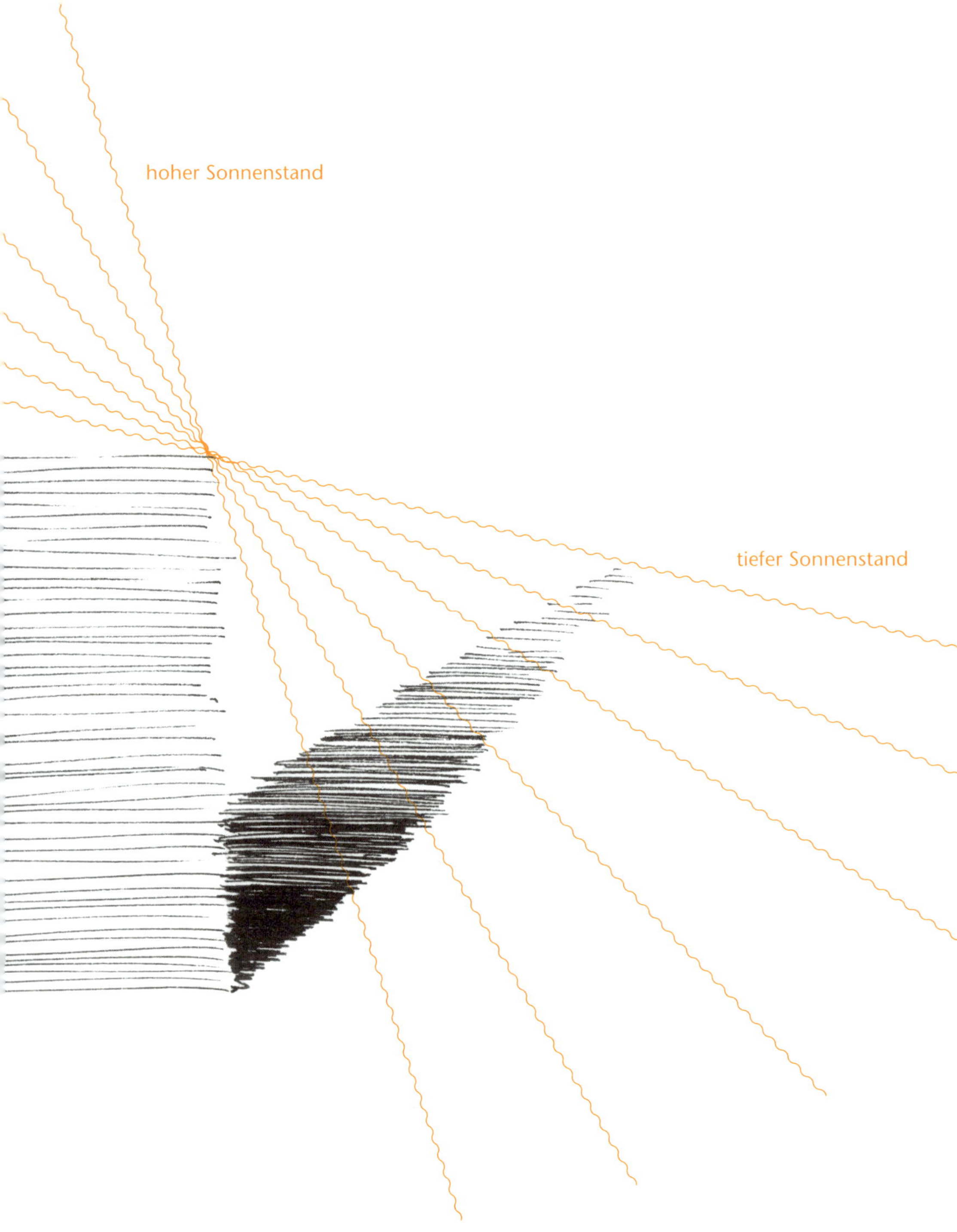

Je tiefer die Sonne wandert, desto länger werden die Schatten.

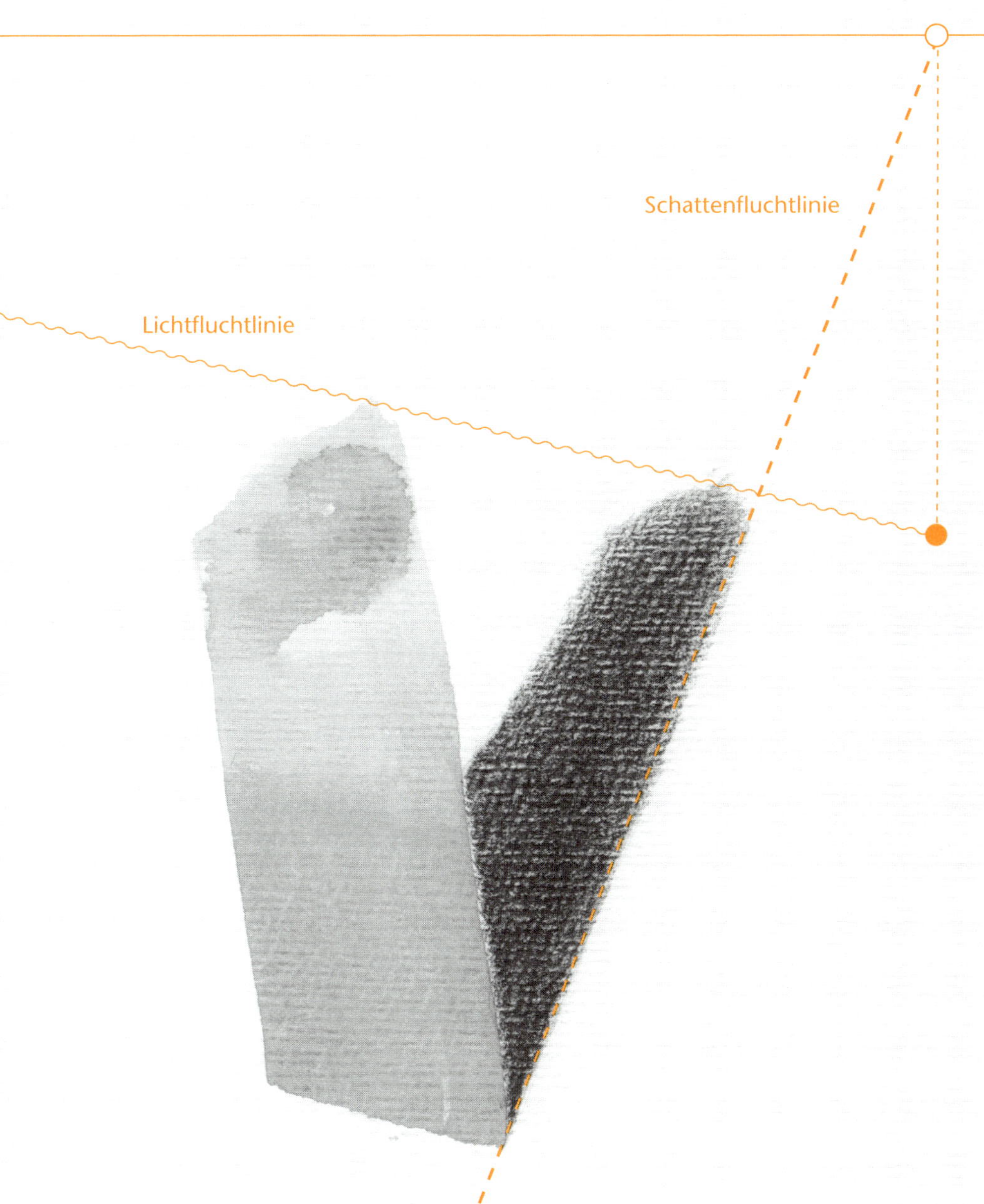

Der Lichtfluchtpunkt liegt senkrecht unter dem Schattenfluchtpunkt. Eine Lichtfluchtlinie, die das obere Ende des Objektes berührt, schneidet sich mit der Schattenfluchtlinie. Dort endet der Schatten.

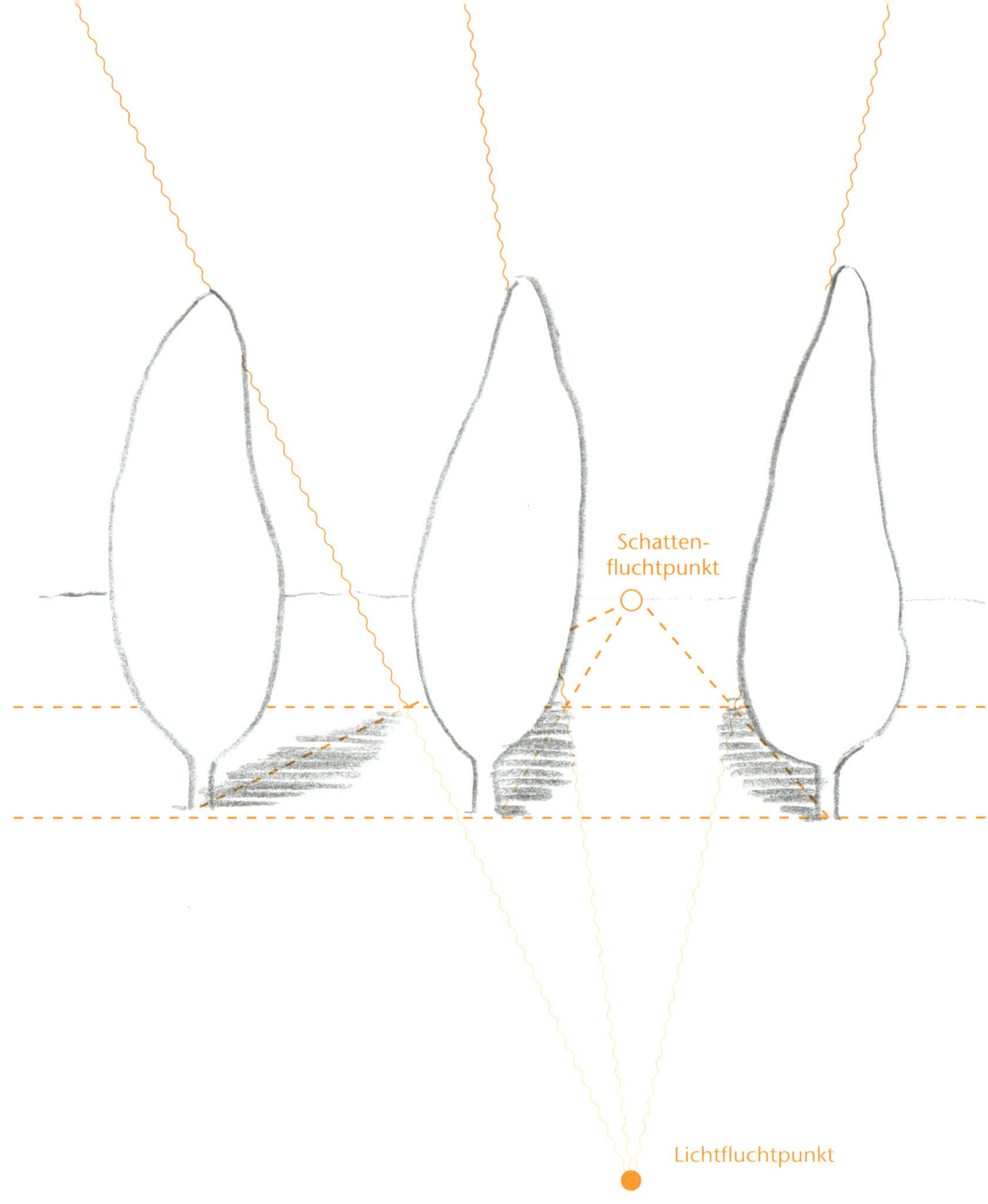

Weil die Bäume hier auf gleicher Höhe stehen, ist die Länge der Schatten durch parallele Hilfslinien bestimmbar. Die Konstruktion über den Lichtfluchtpunkt führt zum selben Ergebnis.

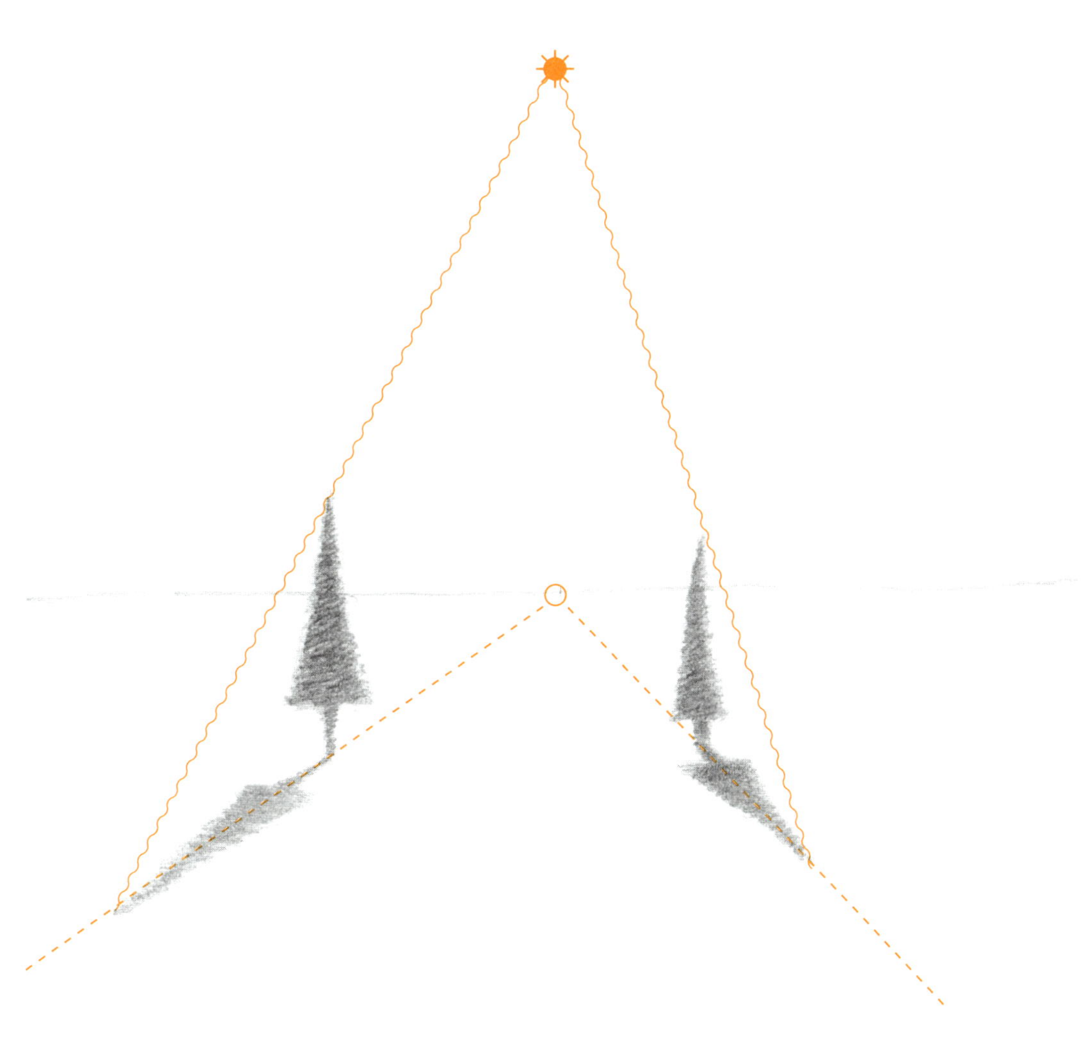

Bei Gegenlicht kann die Lichtquelle im Bild sein. Der Schattenfluchtpunkt liegt auf dem Horizont, senkrecht unterhalb der Sonne. Der Schatten endet dort, wo sich die Schattenfluchtlinie und ein die Spitze des Objekts streifender Lichtstrahl treffen.

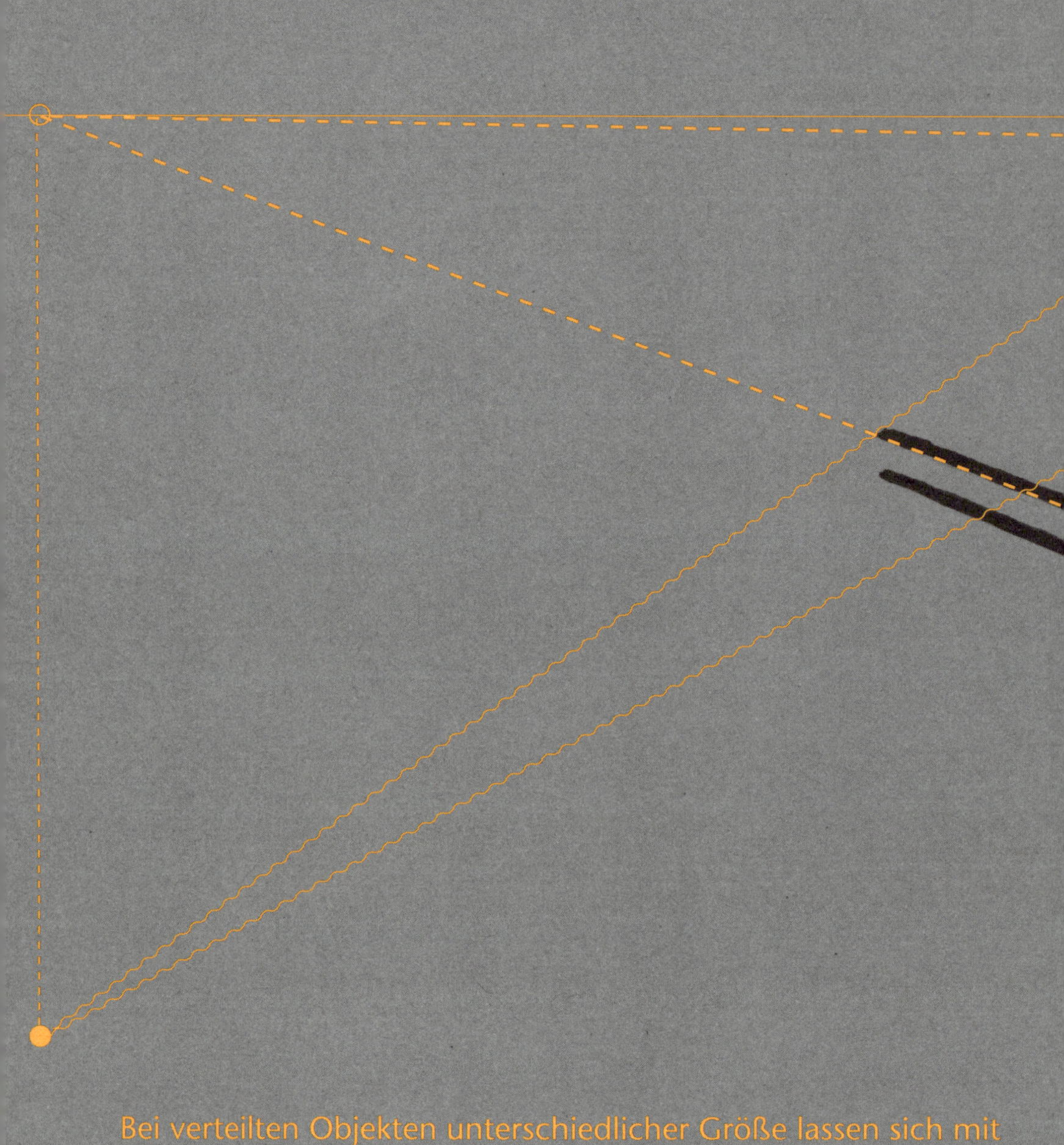

Bei verteilten Objekten unterschiedlicher Größe lassen sich mit Hilfe der Schatten- und Lichtfluchtpunkte Richtung und Länge der Schatten ermitteln.

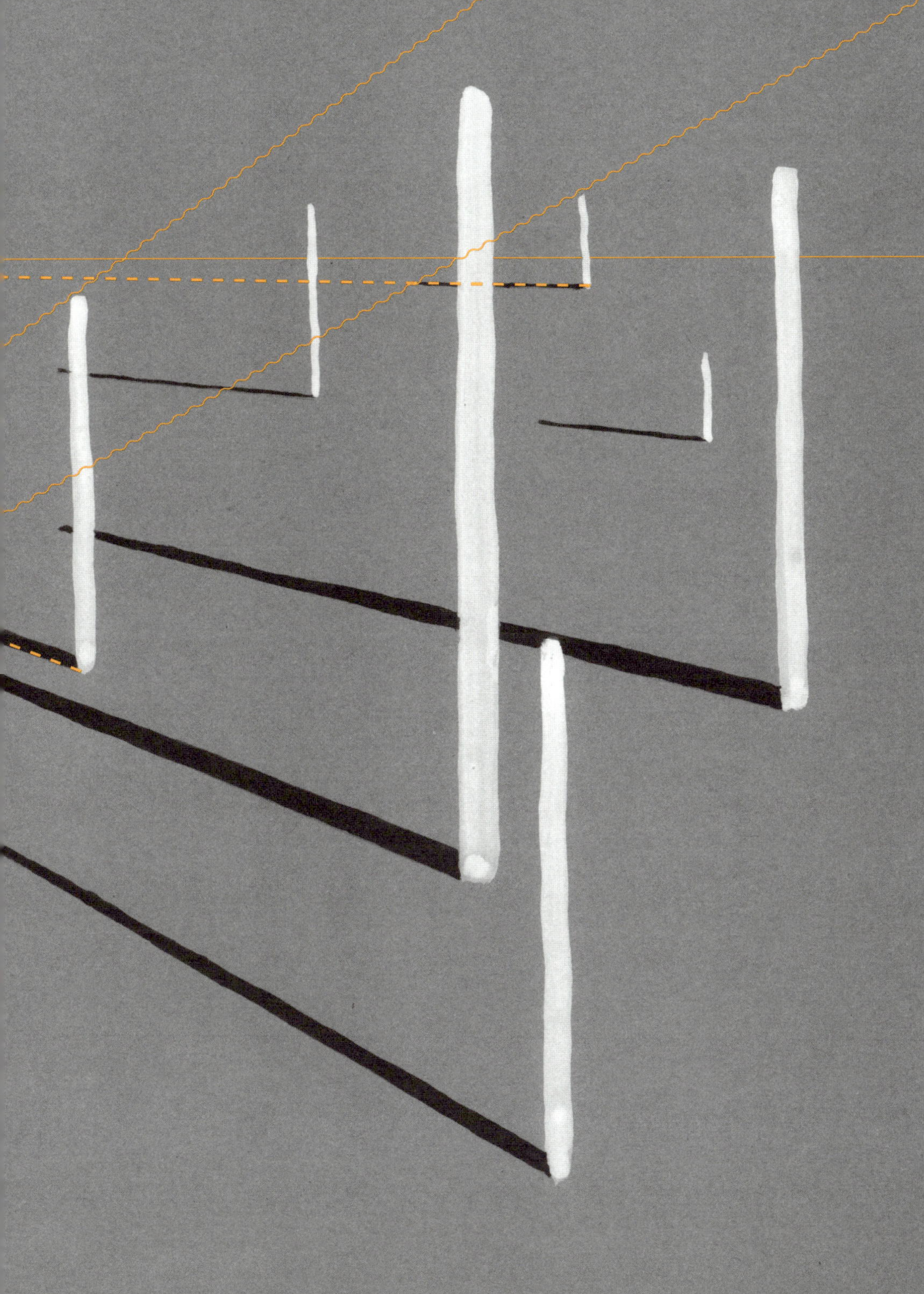

8. Transparenz

Mehrere Schichten durchscheinender Farbe mischen sich optisch. So wird neben dem Farbton auch die Helligkeit gesteuert, jede Lasur macht den Ton dunkler.Lasuren erzeugen ein tiefes Leuchten, das Licht scheint von hinten zu kommen. Es trifft durch die Farbe auf den hellen Grund des Papiers oder der Leinwand und wird von dort reflektiert. Auch dunkle Lasuren erscheinen aus diesem Grund transparenter als ein deckender Farbauftrag.

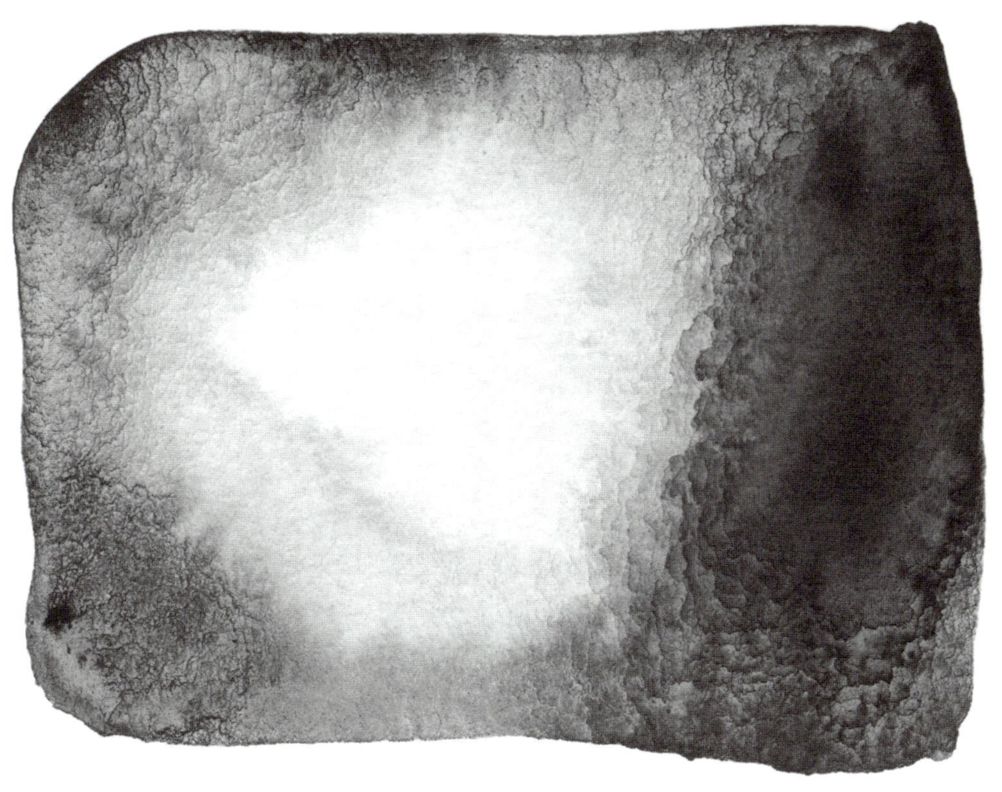

Transparente Farben lassen einen Teil des einfallenden Lichts durch. So entsteht ein Leuchten, das vom Weiß des Papiers ausgeht.

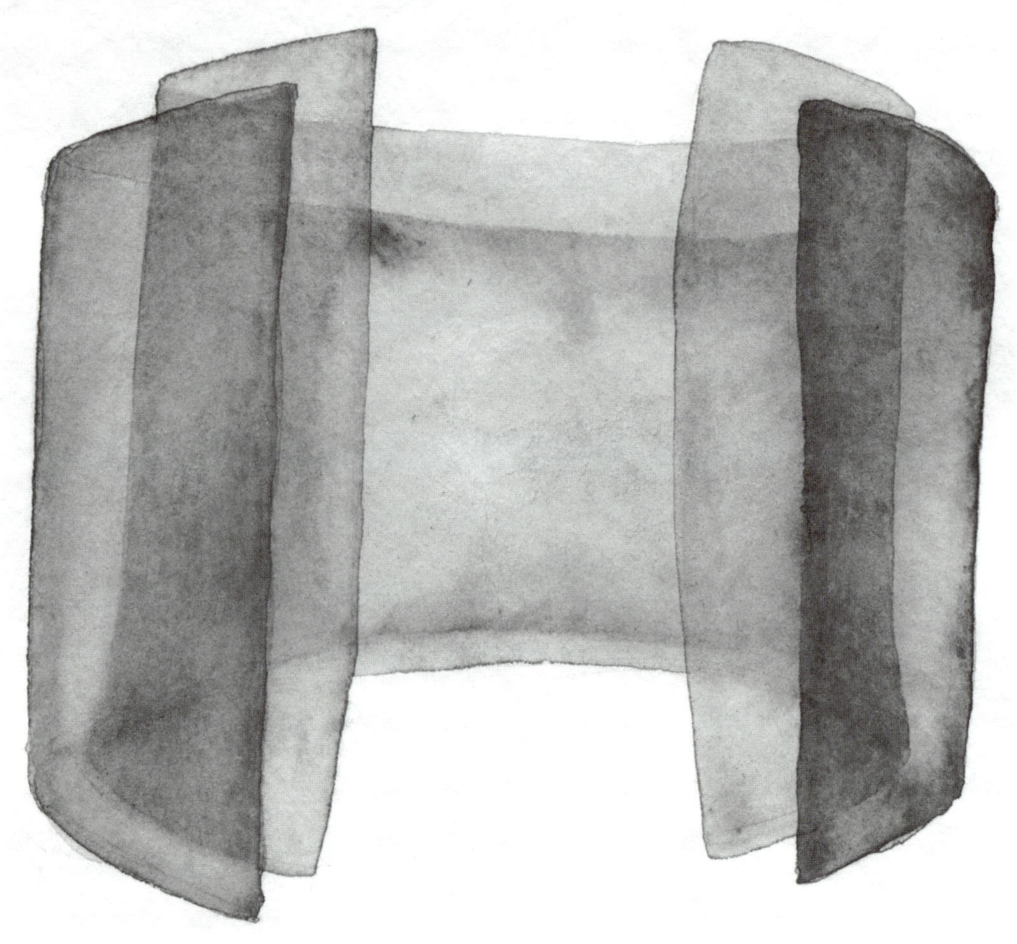

Man malt vom Hellen ins Dunkle. Jede Farbschicht muss vor dem Auftrag der nächsten Schicht vollständig getrocknet sein, damit sich die Schichten nicht vermischen.

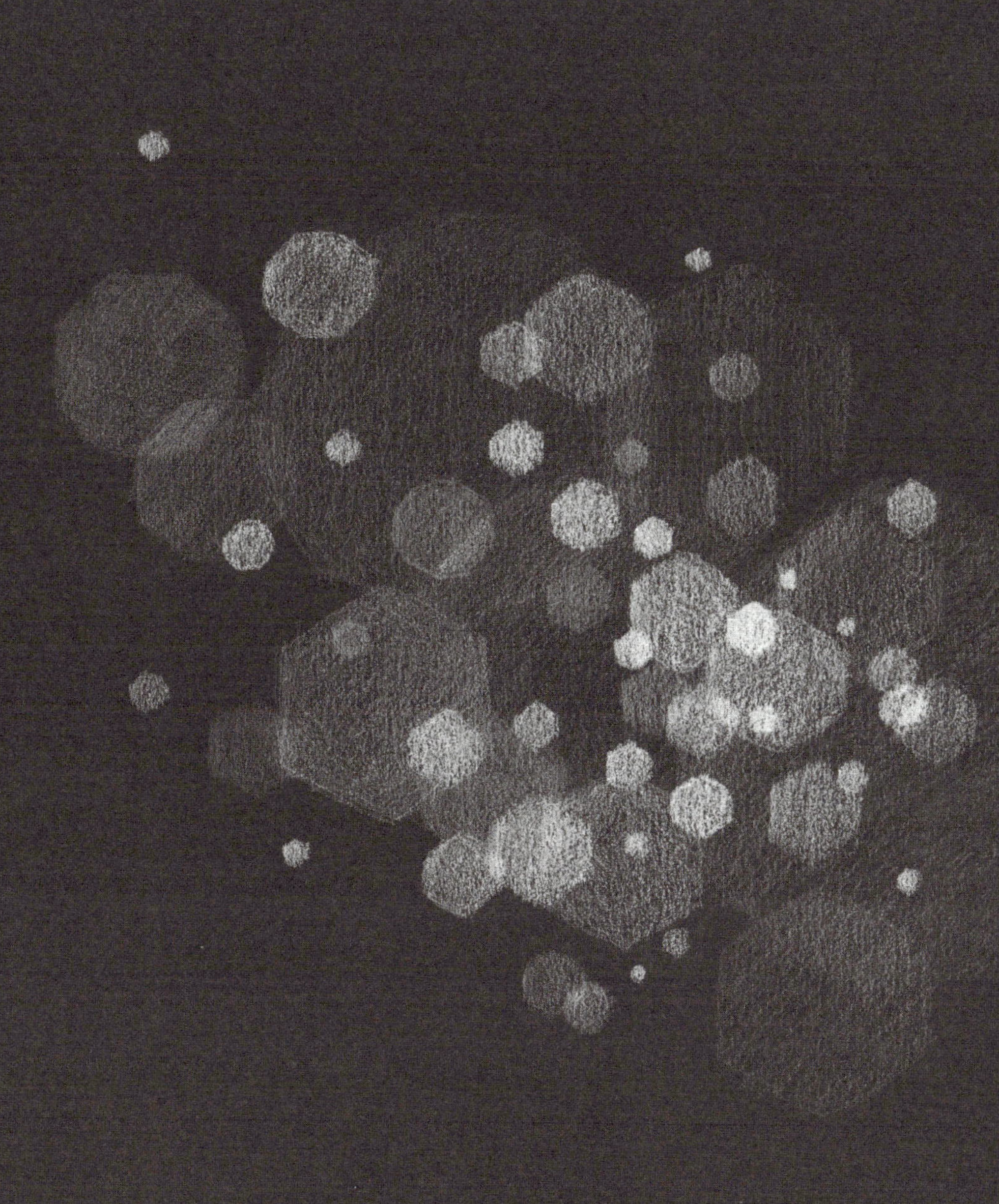

Auf dunklem Grund wirken auch zarte Kreideschichten transparent. In Relation zur Stärke des Aufdrückens scheint das schwarze Papier durch.

Licht plus Licht strahlt heller.

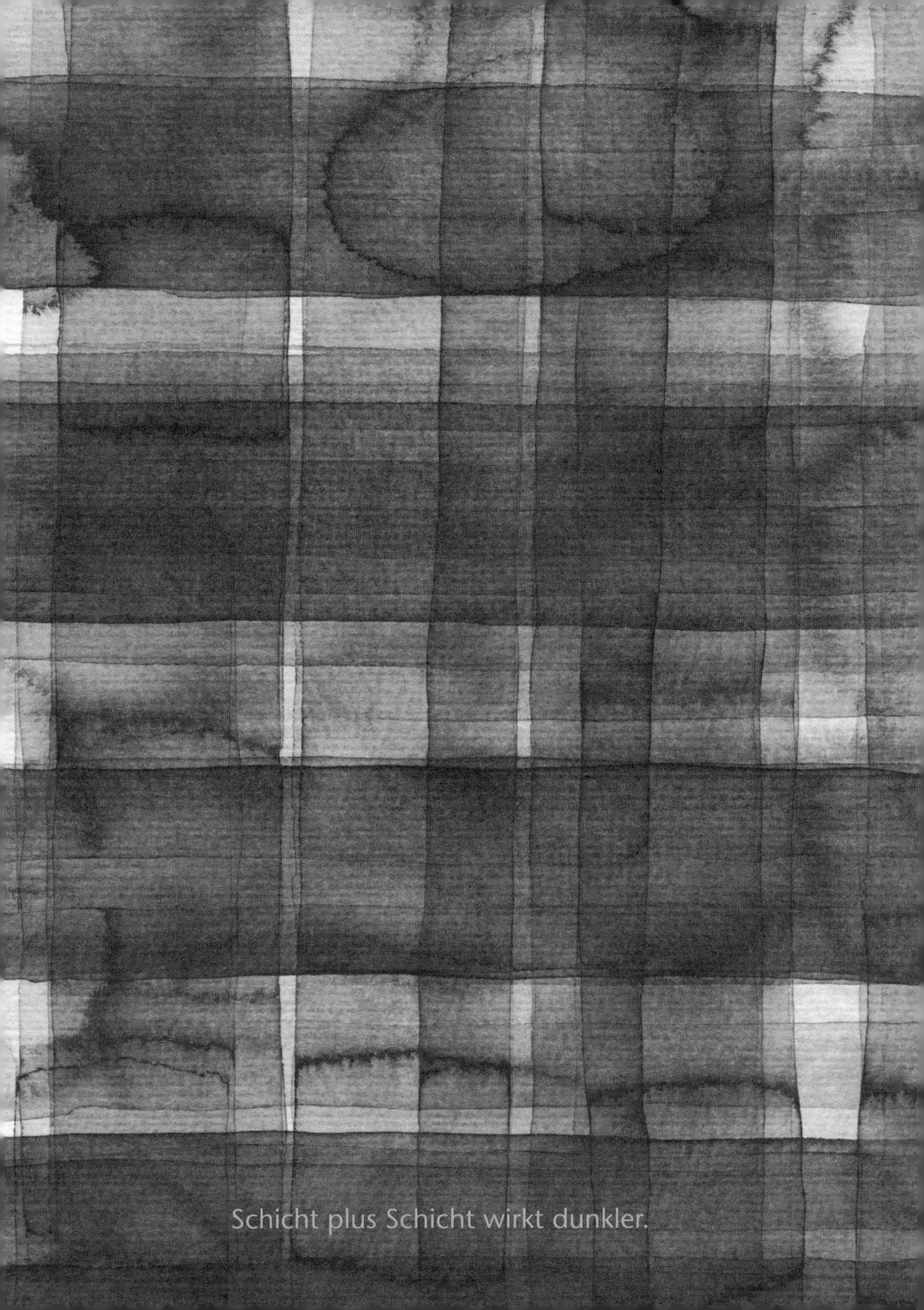
Schicht plus Schicht wirkt dunkler.

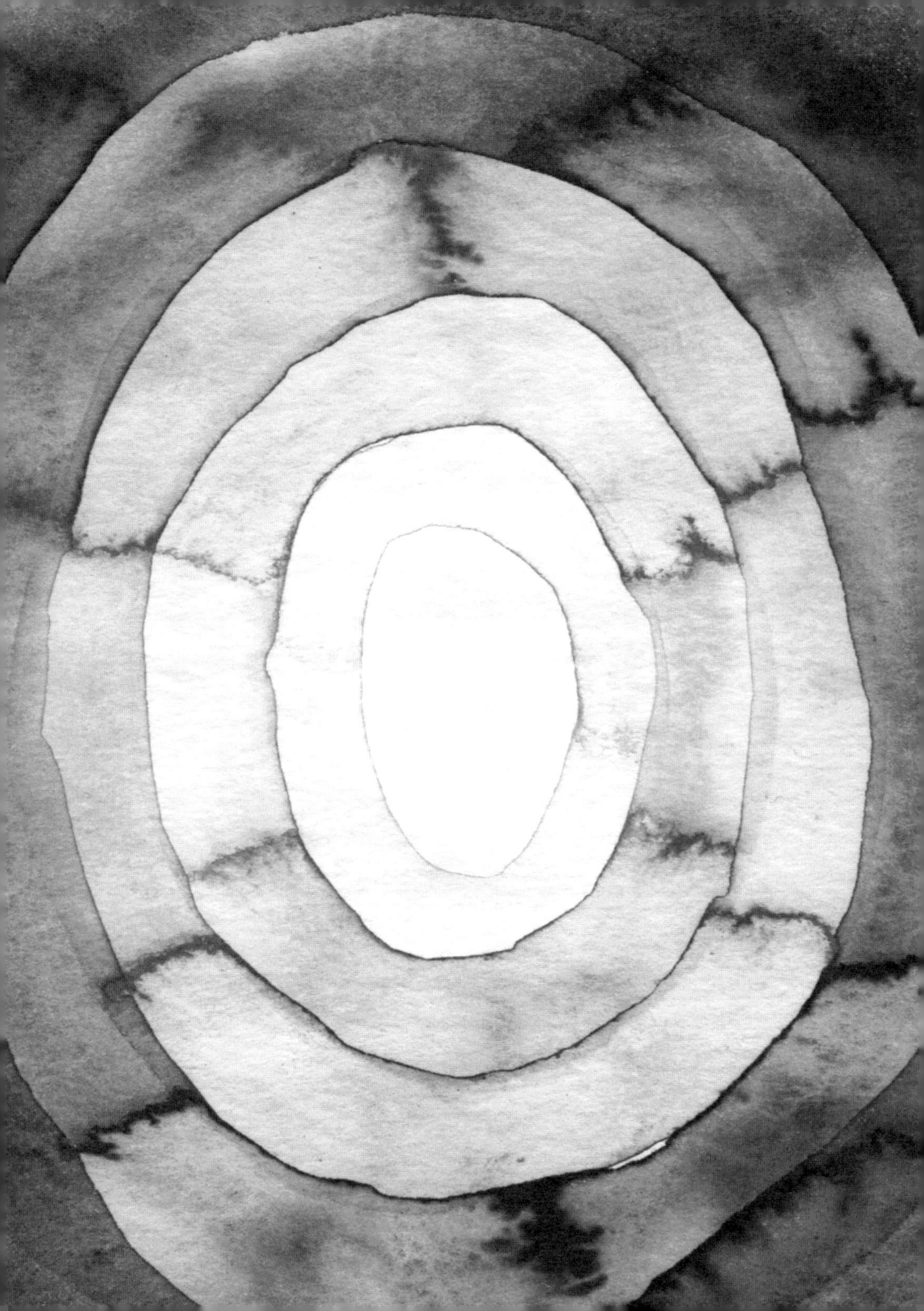

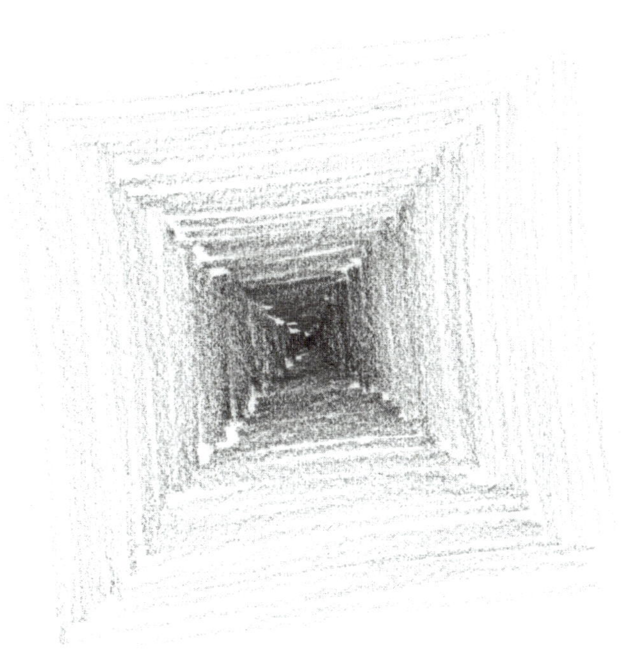

Transparente Schichten sind schwach pigmentiert,
deckende dagegen stark.

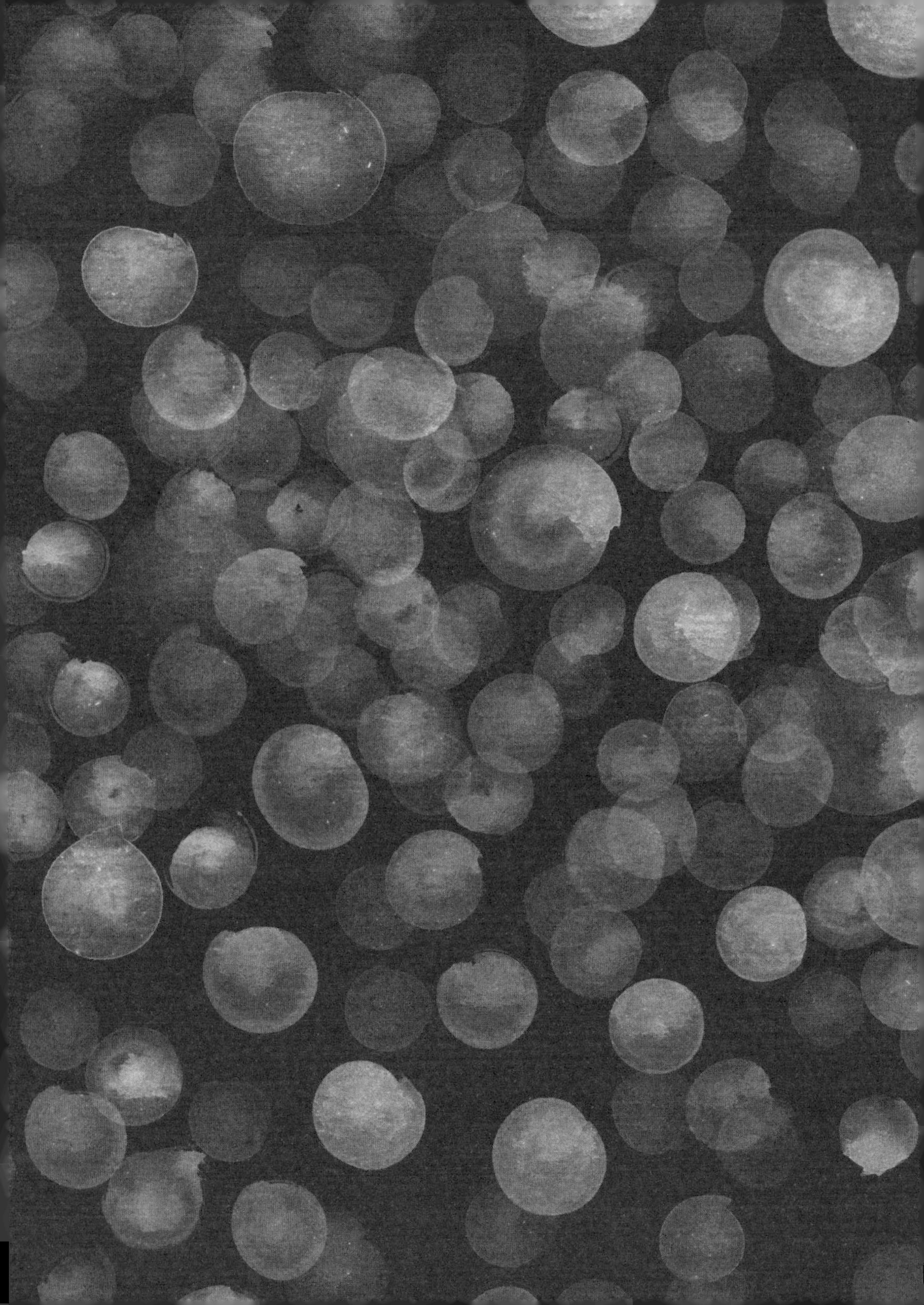

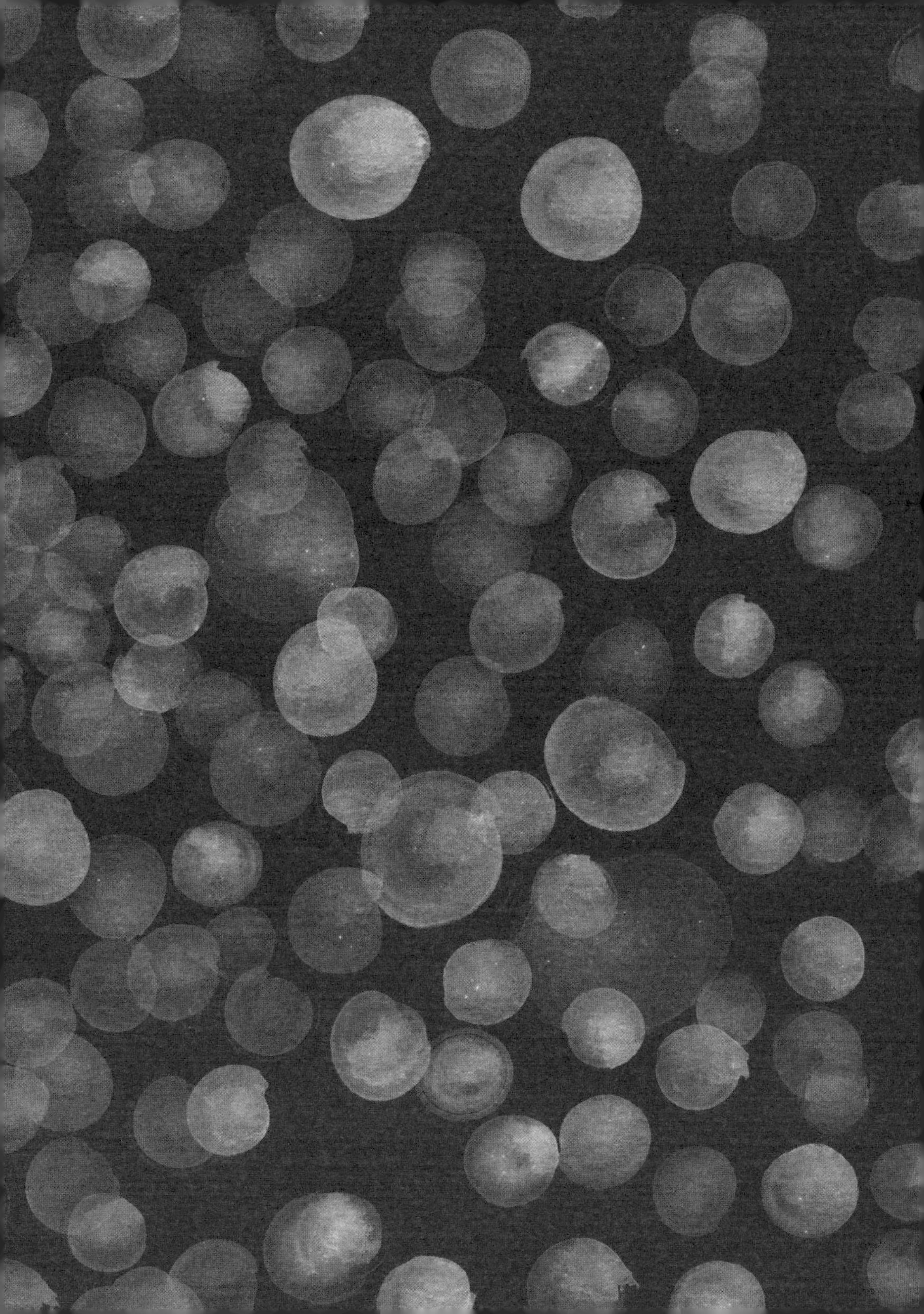

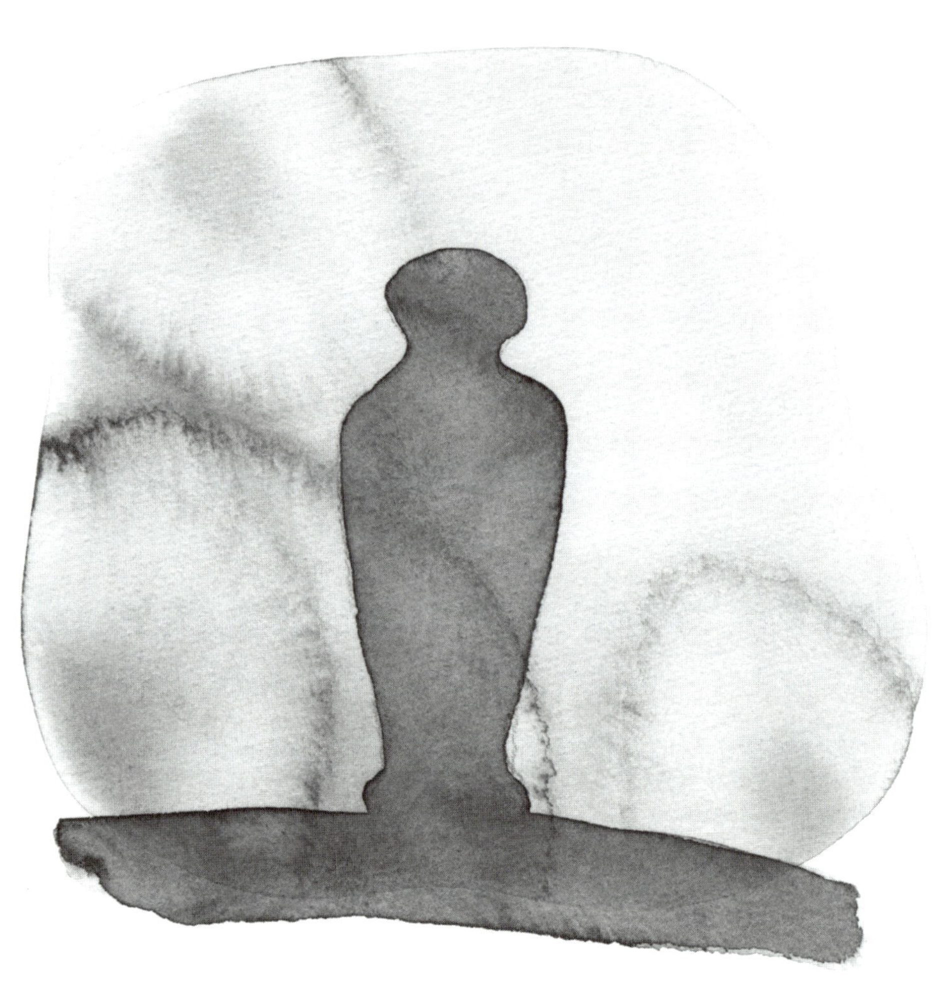

Farben, die das Papier teilweise durchschimmern lassen, eignen sich für Transparenz: Aquarellfarben und verdünnte Tuschen.

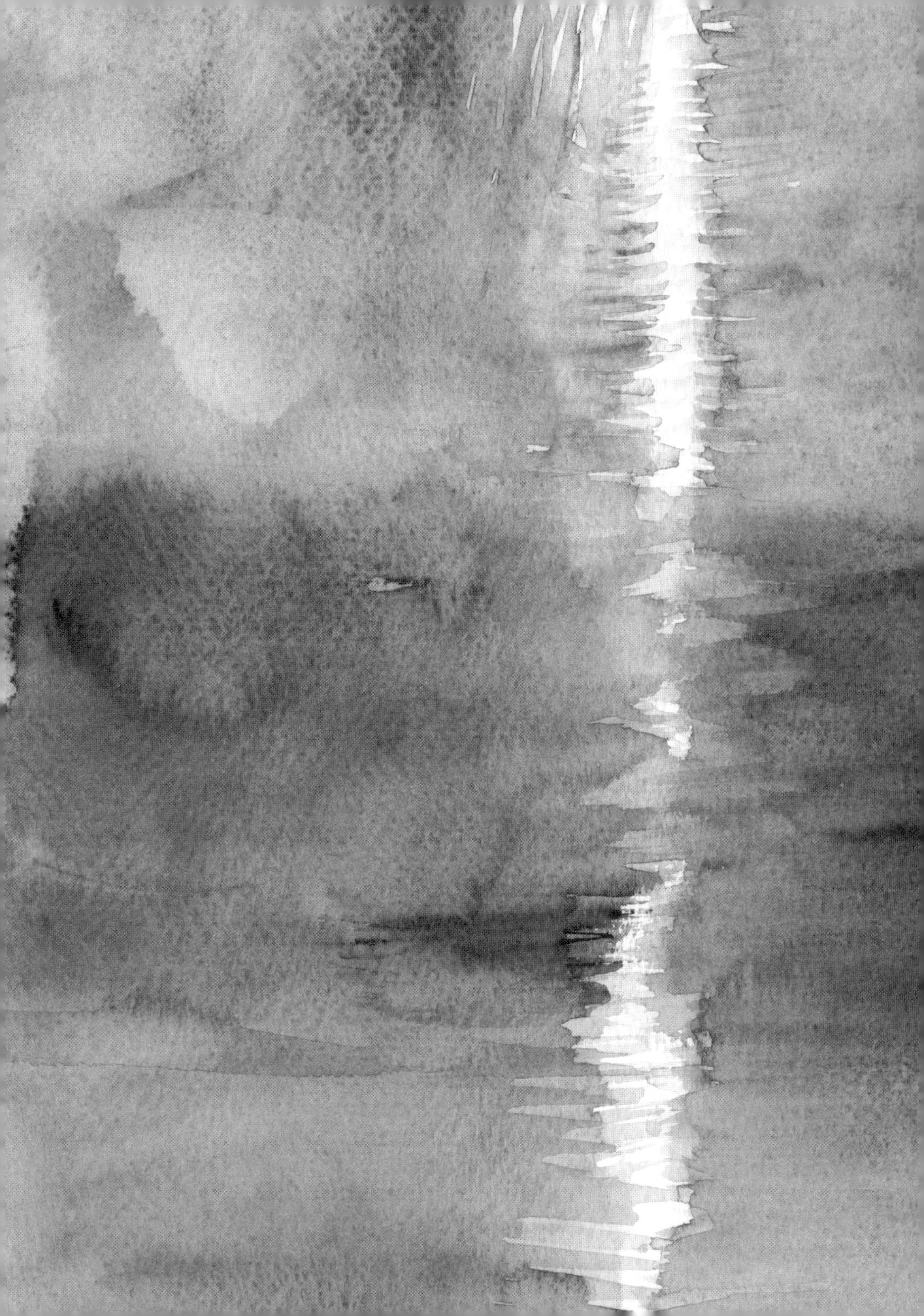

Der Radiergummi als Lichtmacher.

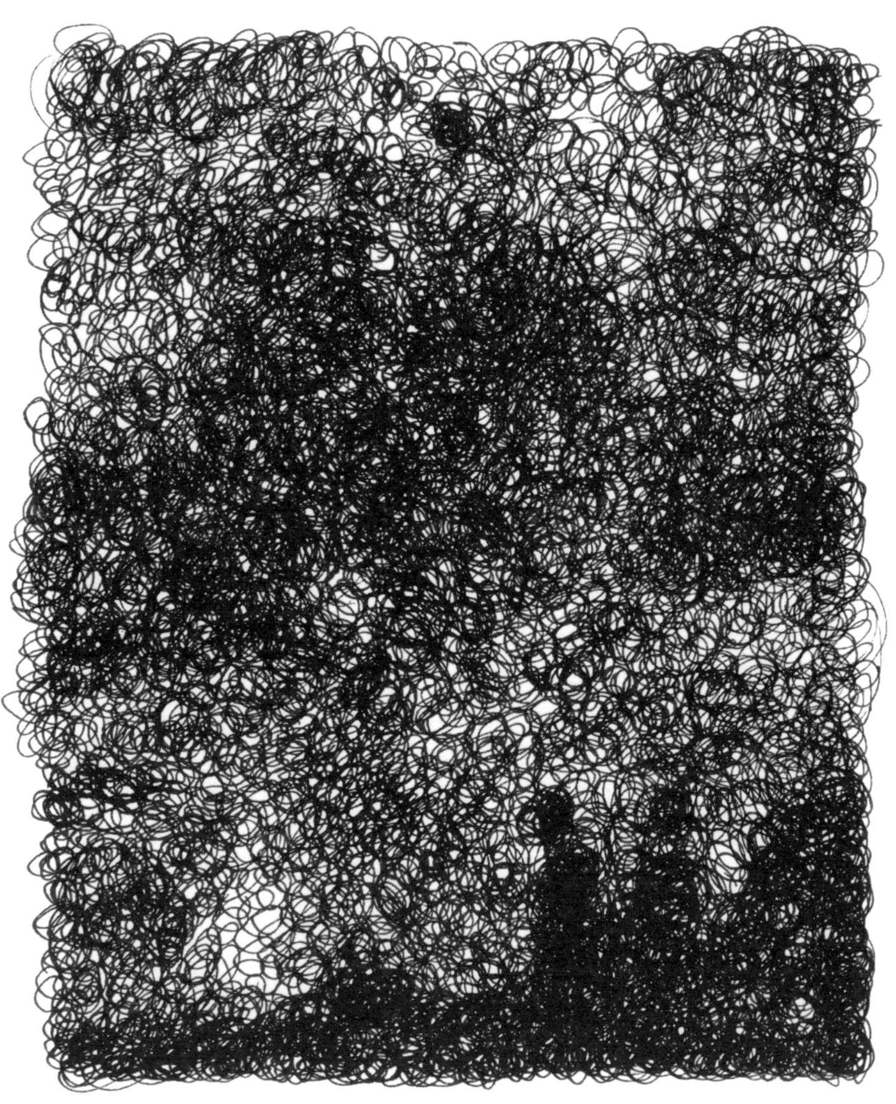

Im Hellen lichtet sich die gekräuselte Schraffur.

9. Lichtsymbolik

Unsere Vorstellungswelt ist voll von guten Lichtgestalten und bösen Kreaturen aus der Finsternis. Es scheint schon immer und überall so gewesen zu sein, dass die Dualität von Licht und Schatten jener von Leben und Tod entspricht. Licht ist in seiner Absolutheit in vielen Religionen Symbol für das Göttliche und Überirdische. Der Goldgrund in gotischen Gemälden strahlt warm und unmittelbar das Licht zurück. In mittelalterlichen Kathedralen lassen farbige Fenster den Gläubigen die Herkunft des Lichts als göttlich erahnen. Die Romantik nutzt die Lichtstimmung als Spiegel der Seele.

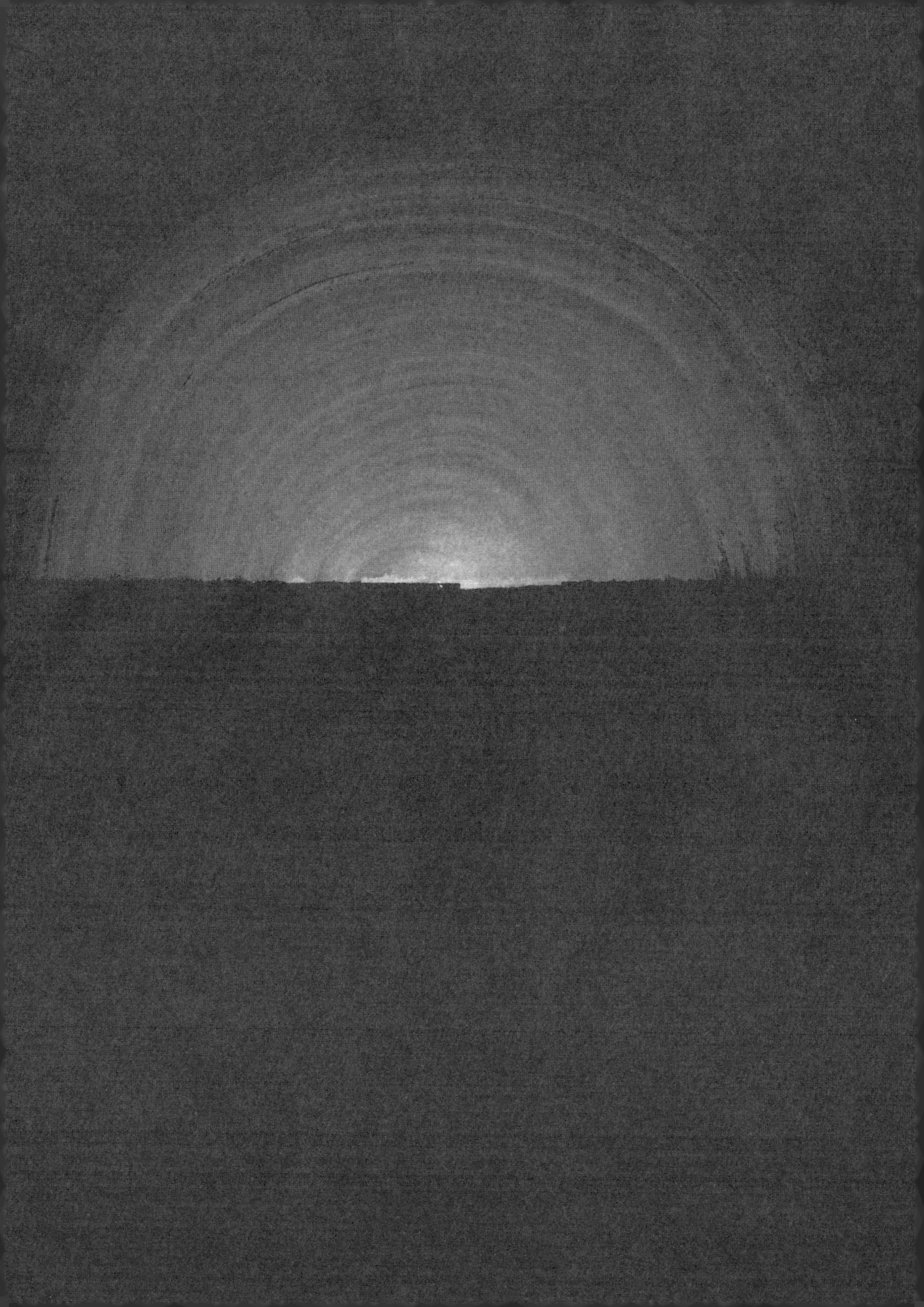

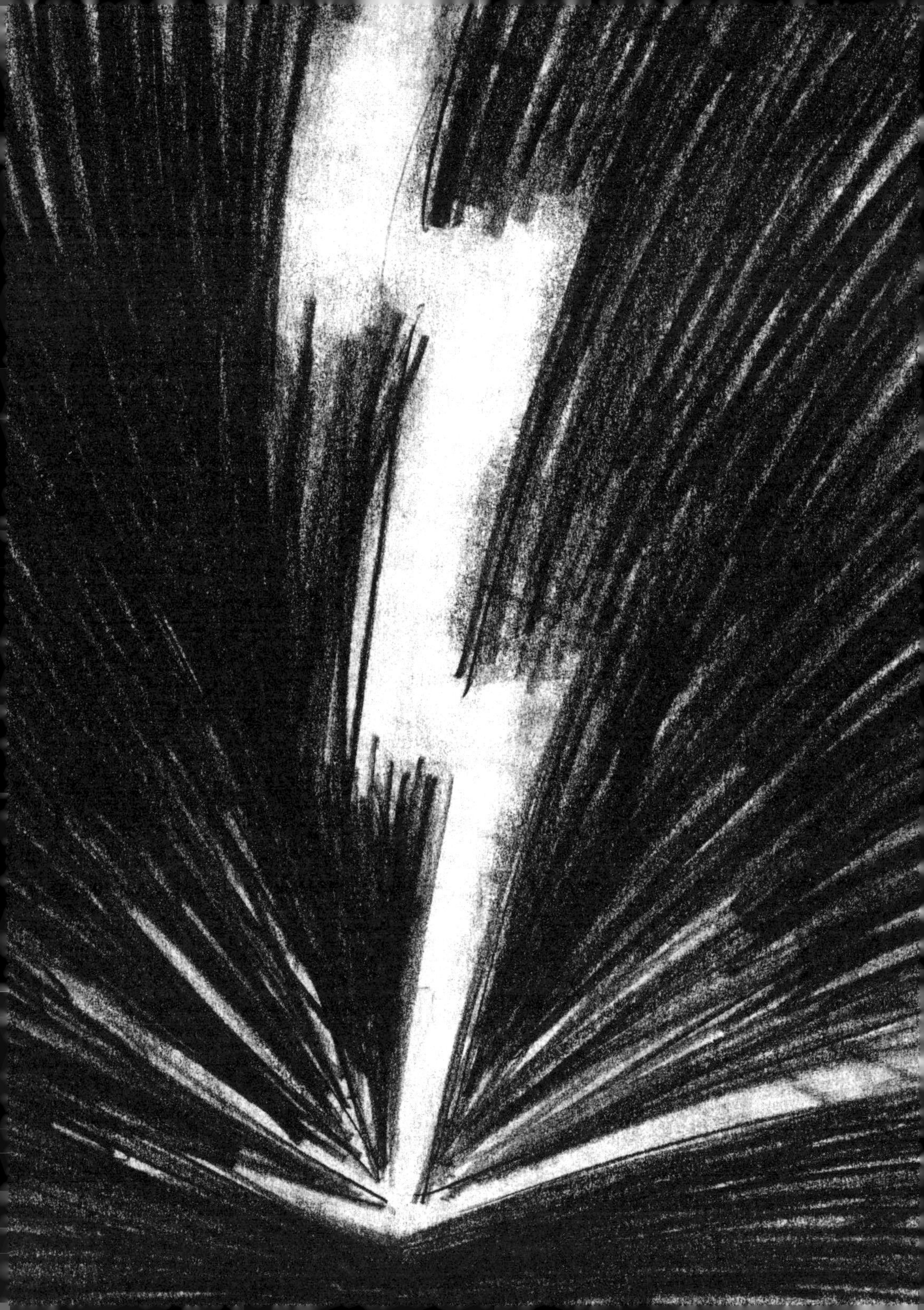

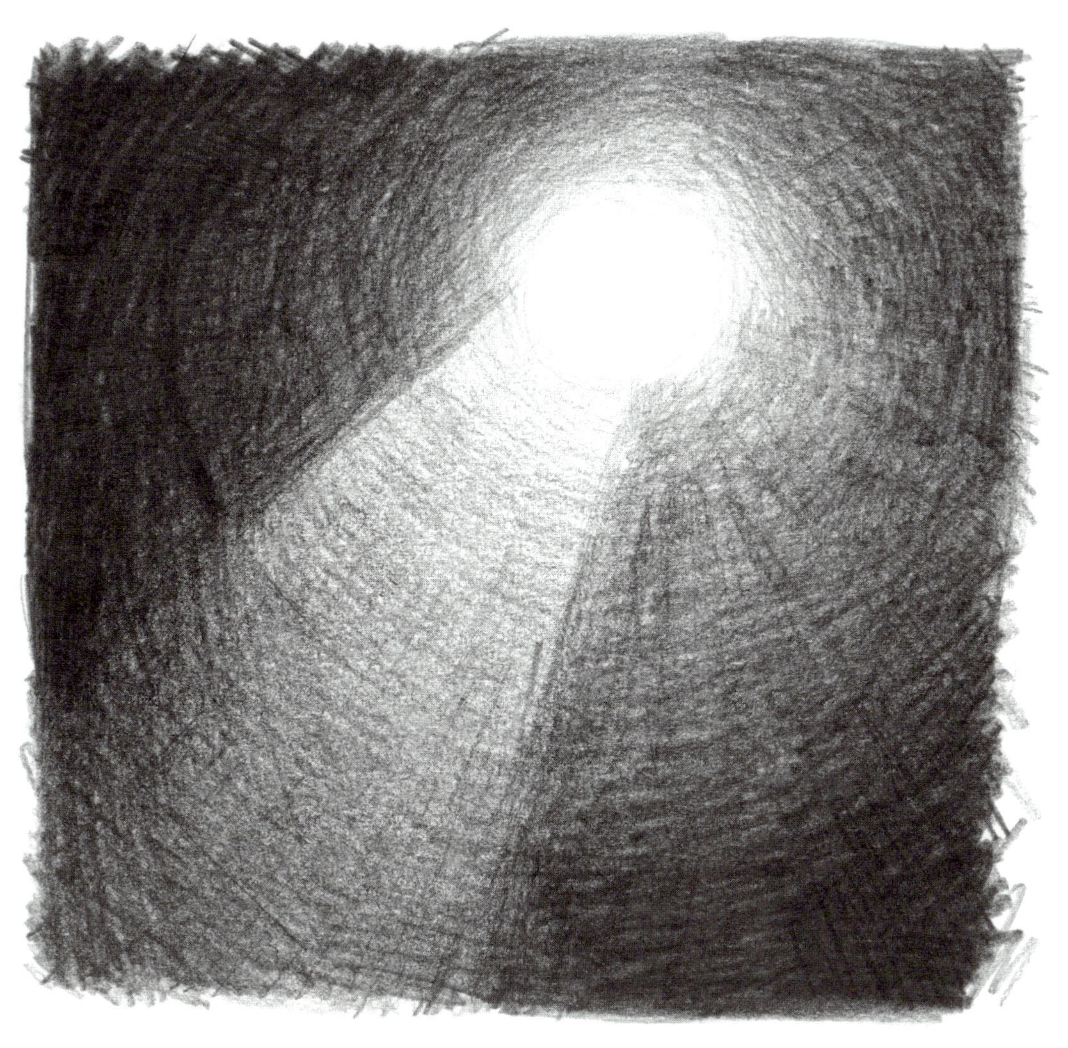

In sakralen Bauten ist das Licht Träger des Göttlichen. Im Pantheon kommt es durch eine kreisrunde Öffnung in der Kuppel, der Lichtkegel beschreibt im Tagesverlauf eine Bahn quer durch den Raum. Der Blitz ist ein Symbol für extreme, übermenschliche Macht.

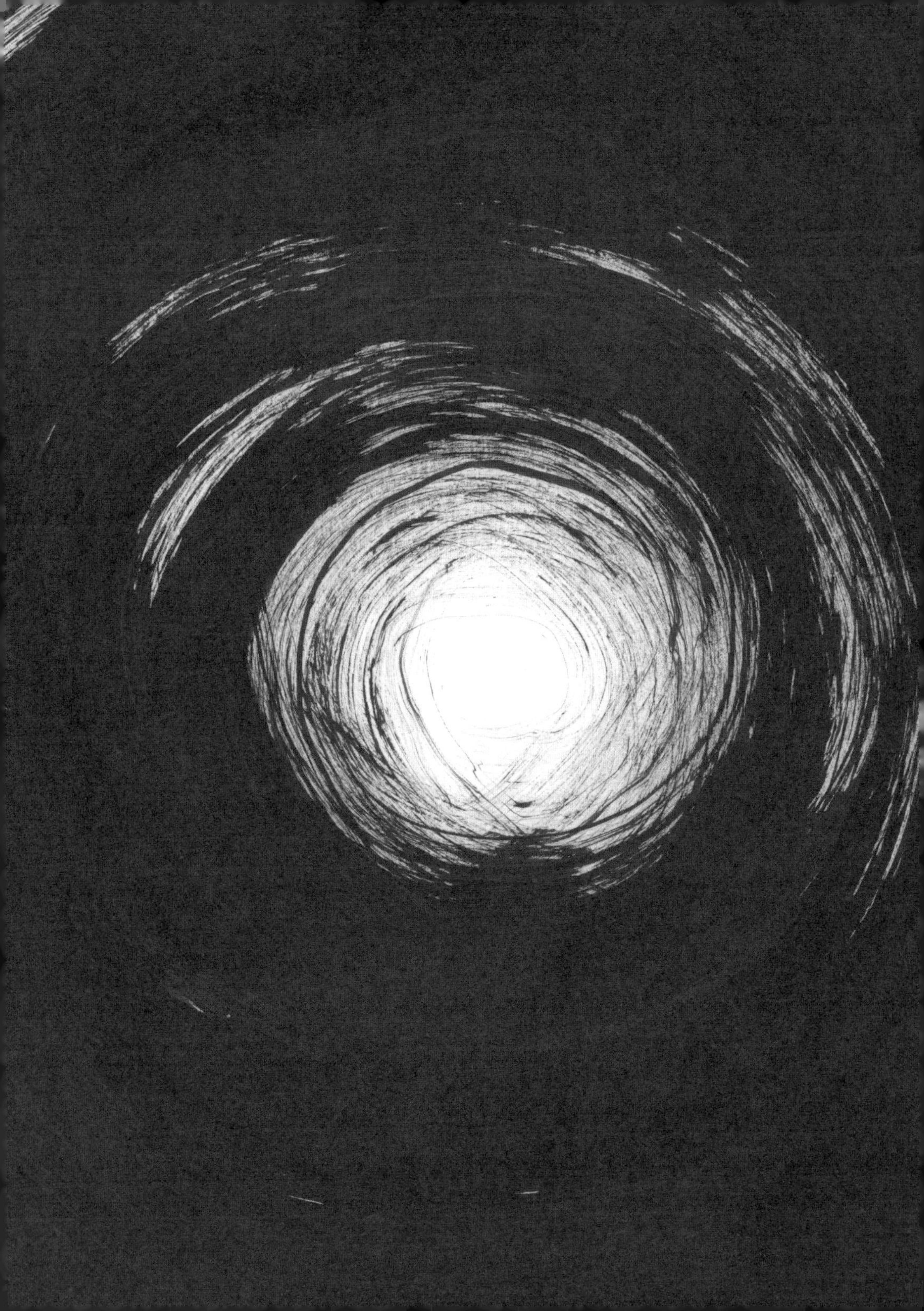

Sowohl Licht als auch Finsternis entfalten Sogwirkung.

In Lichtstimmungen finden Gefühle ihren Ausdruck.

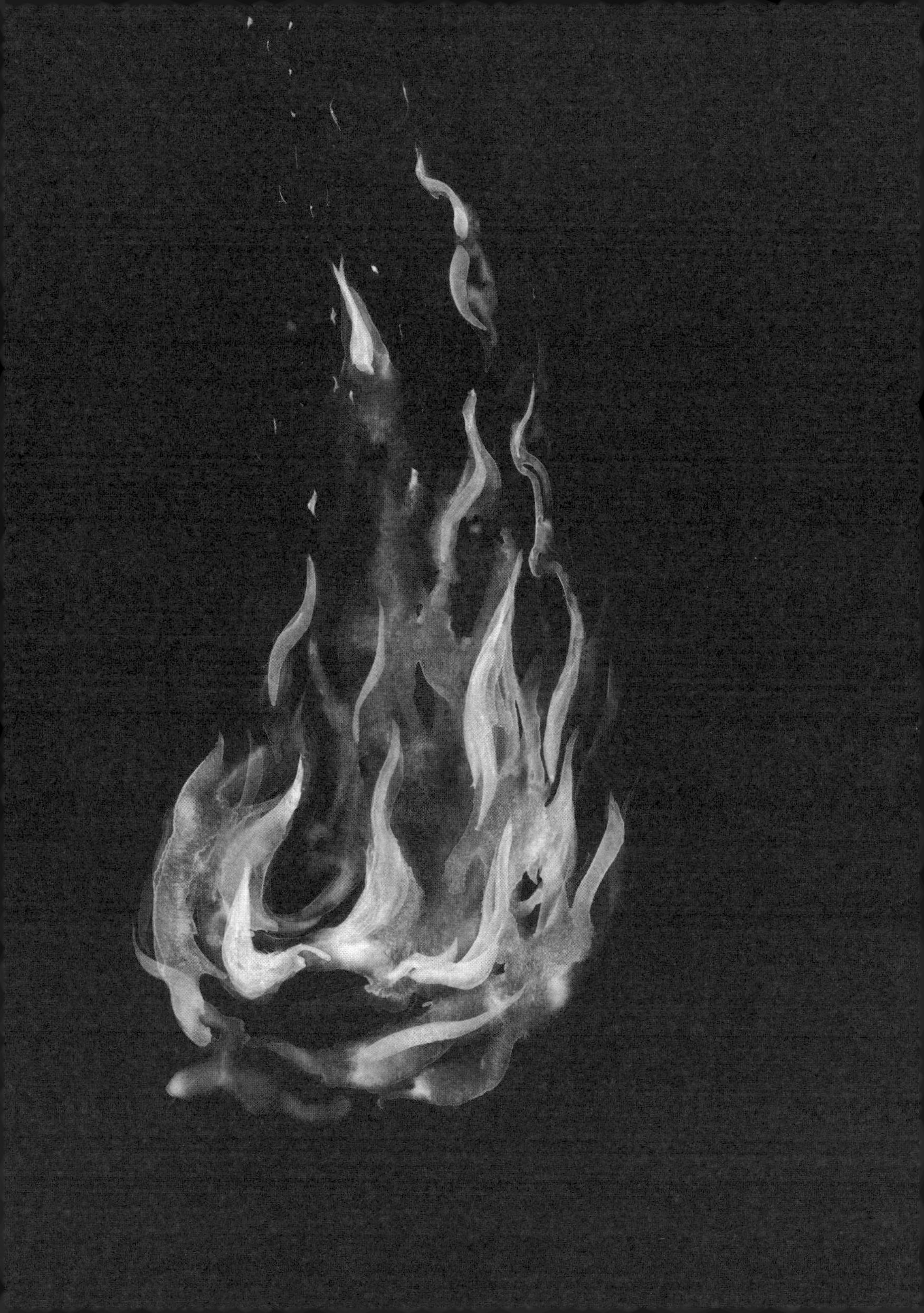

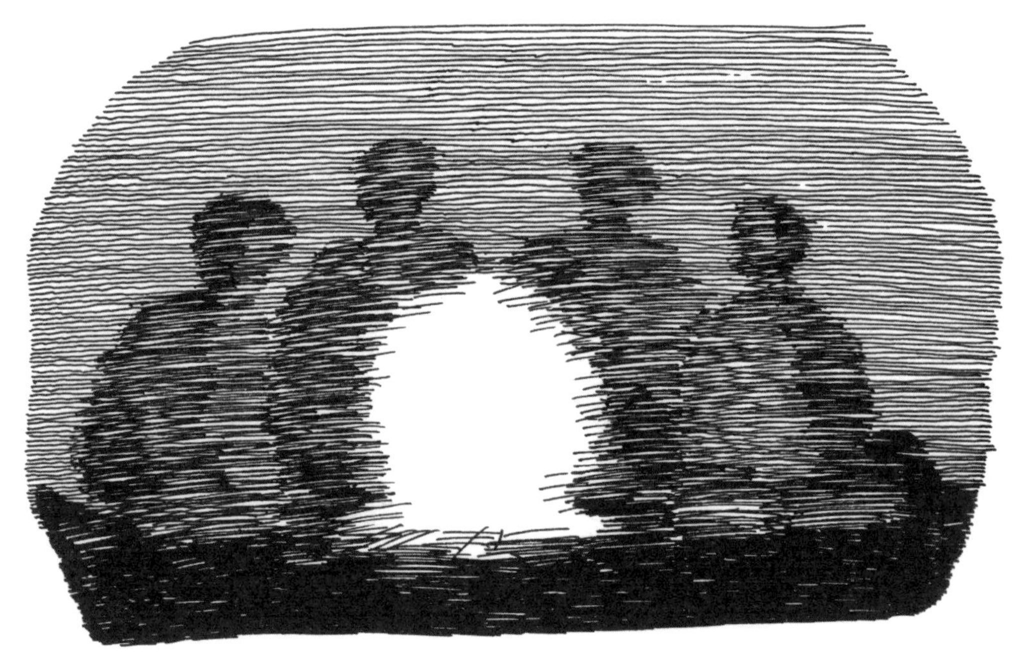

Heimeliges und unheimliches Leuchten.

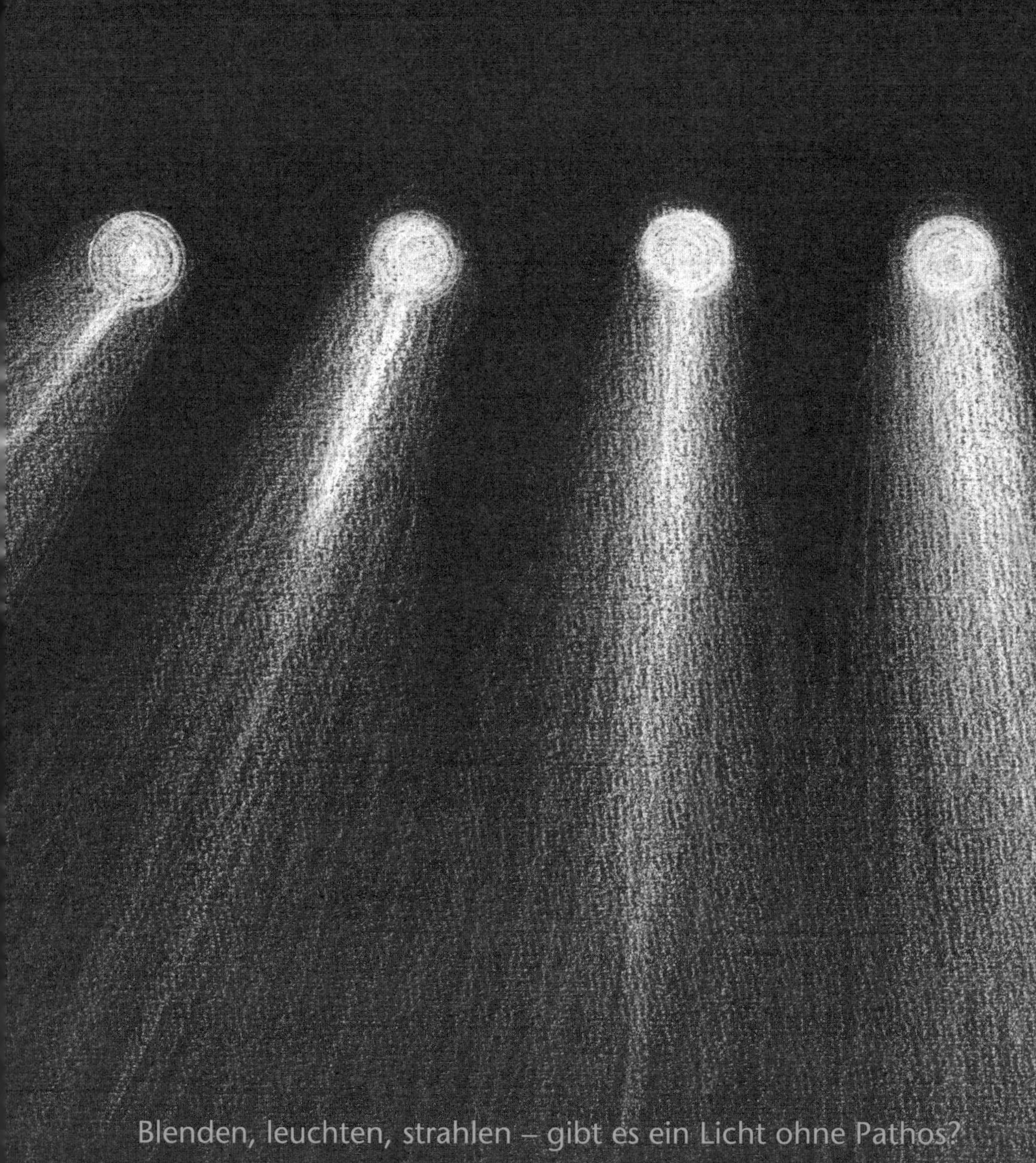

Blenden, leuchten, strahlen – gibt es ein Licht ohne Pathos?

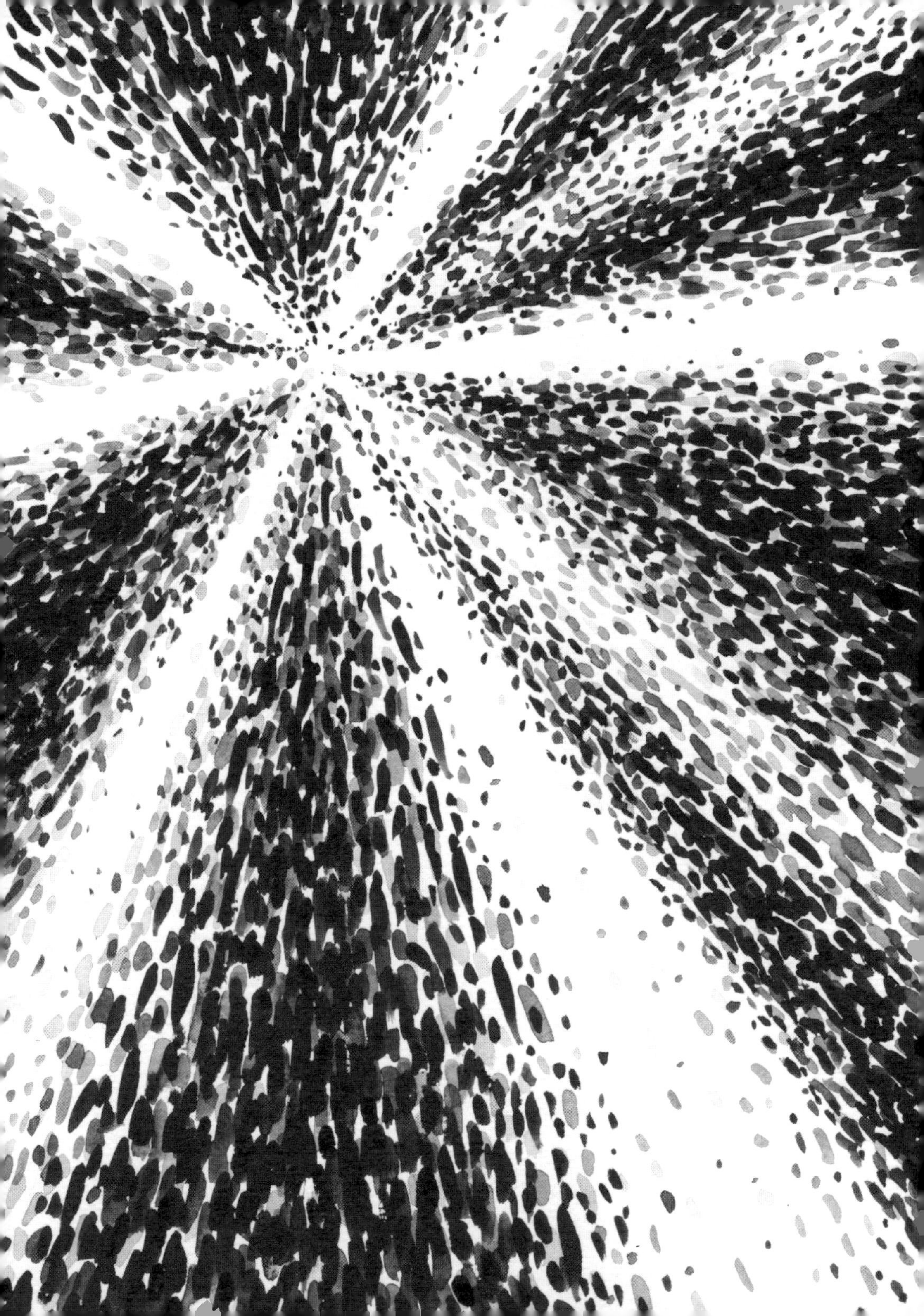

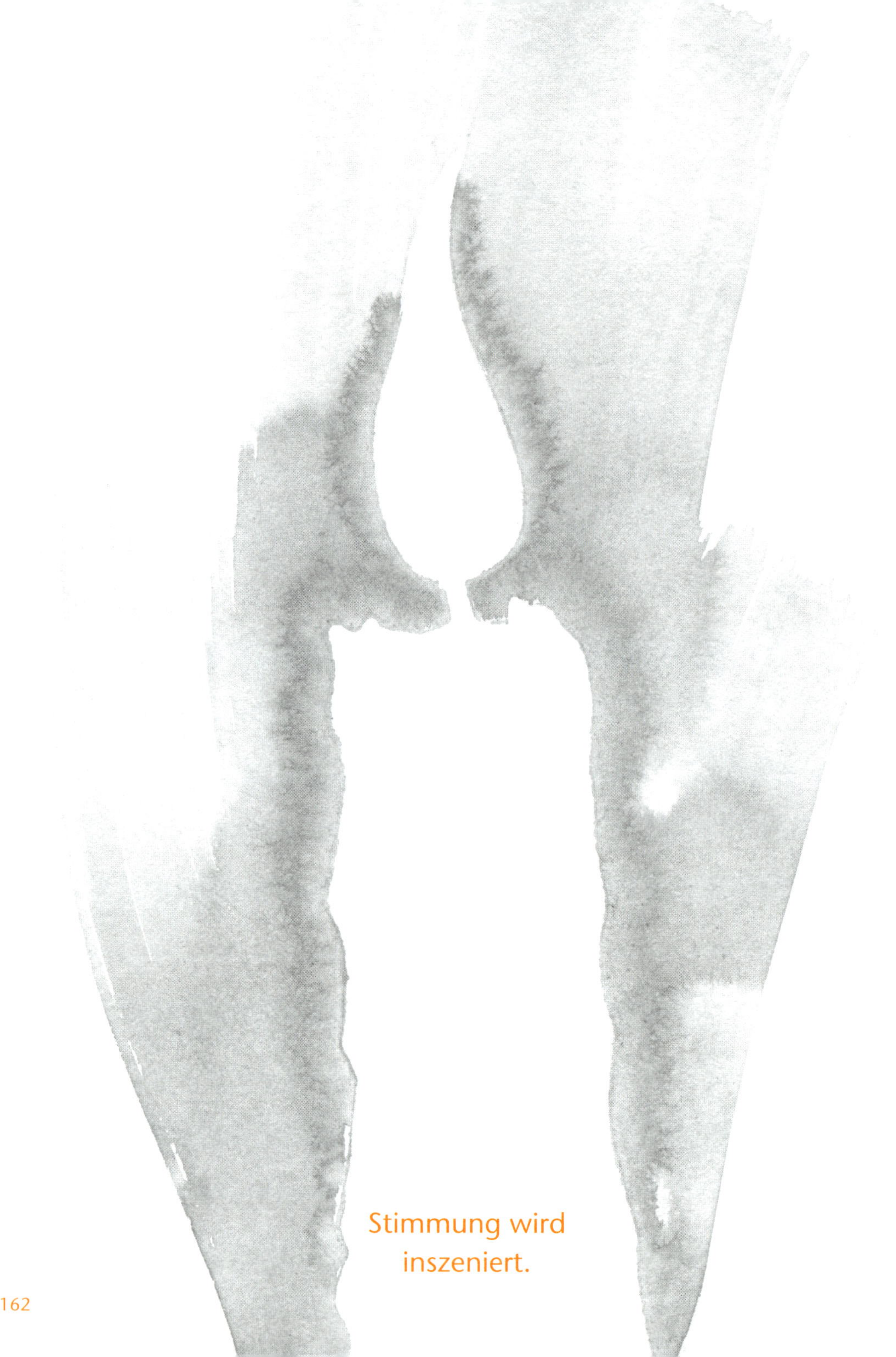

Stimmung wird
inszeniert.

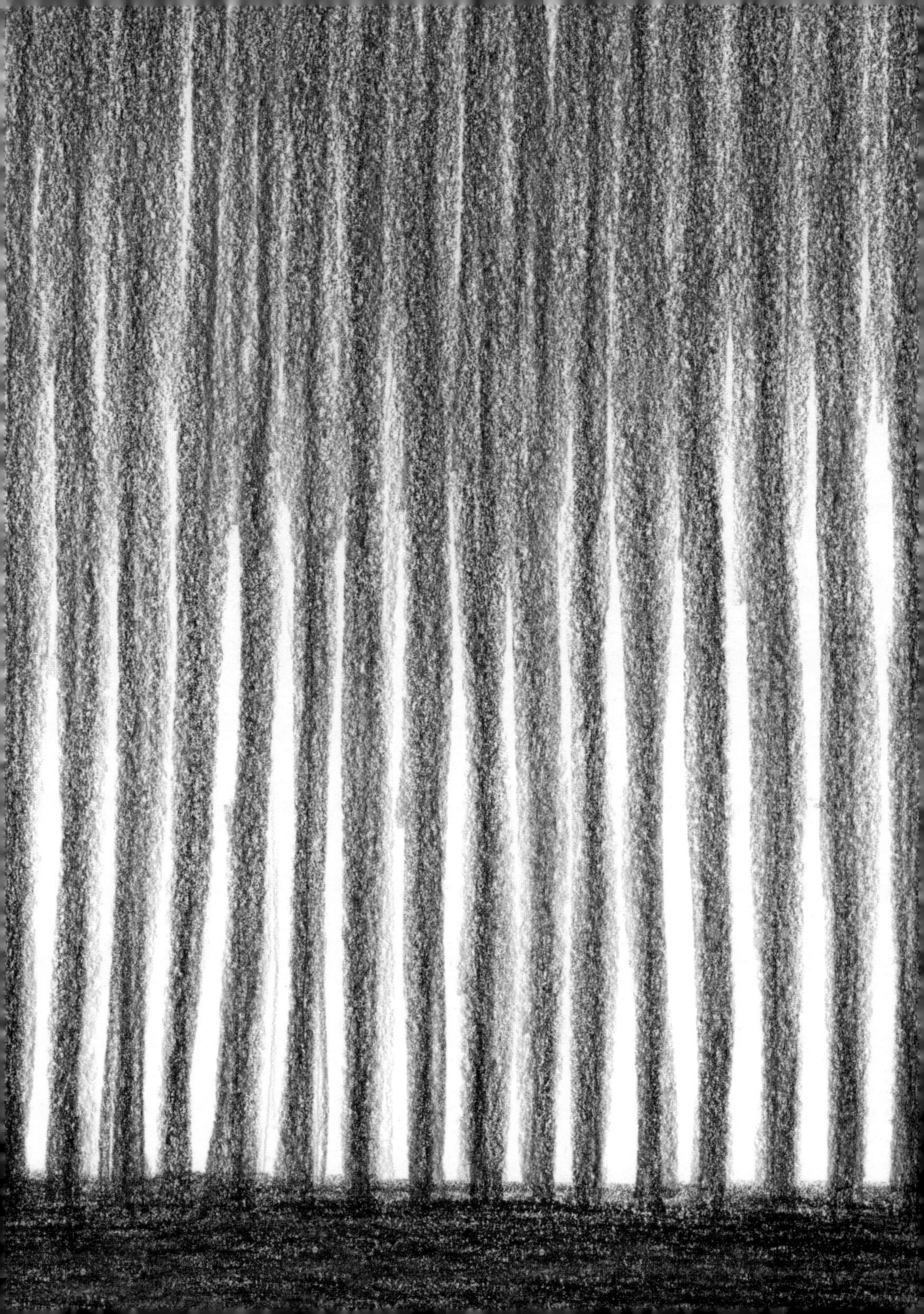

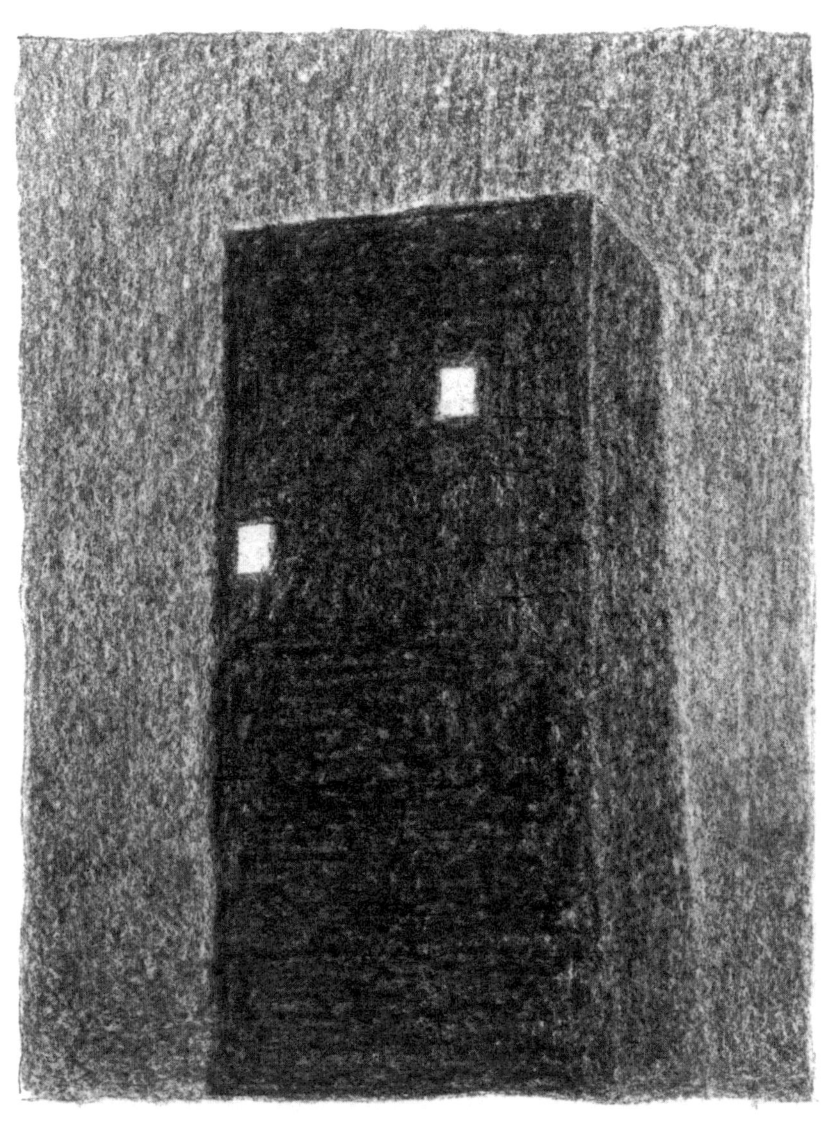

Zwei sind noch wach.

Starkes Licht bricht aus.

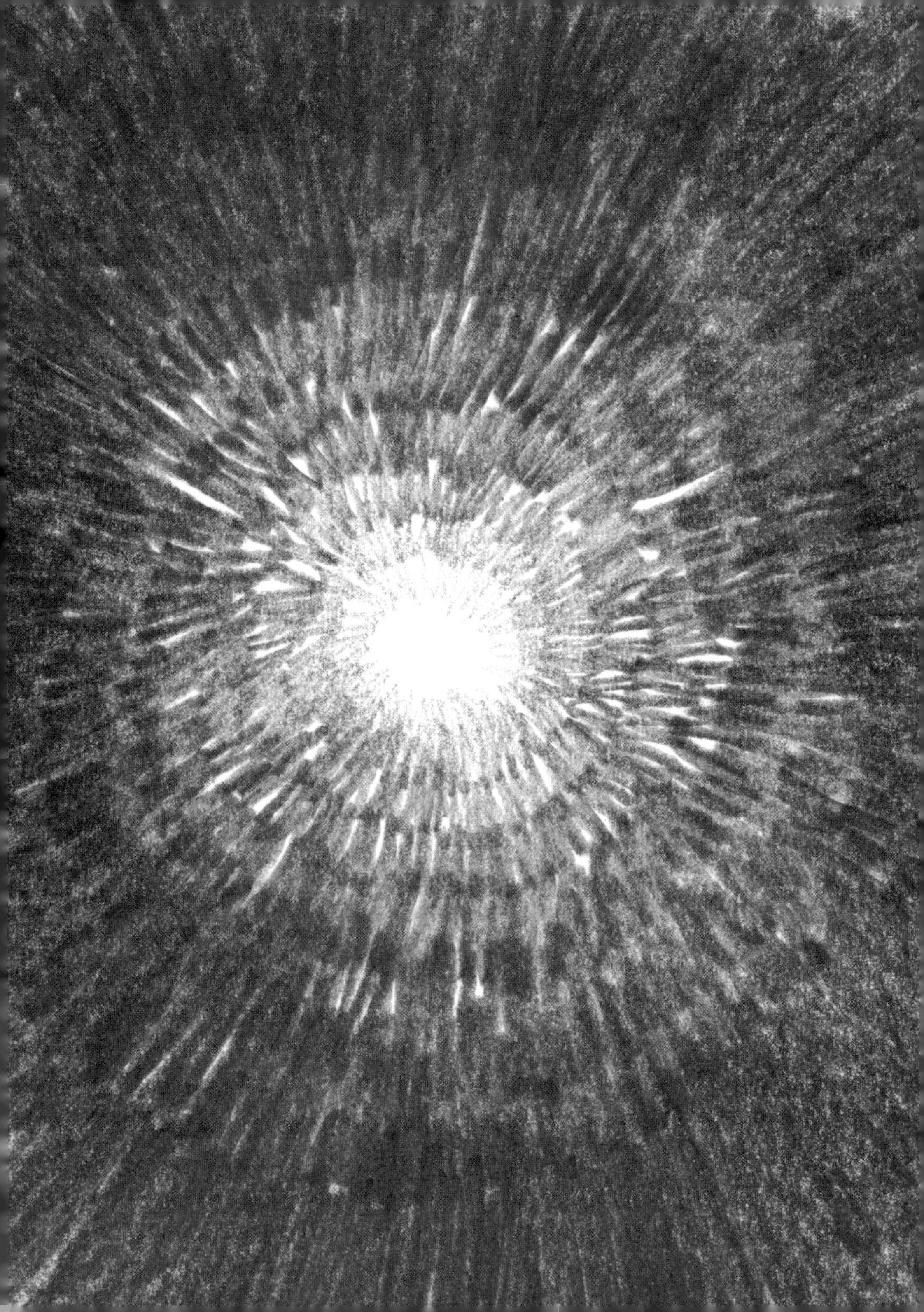

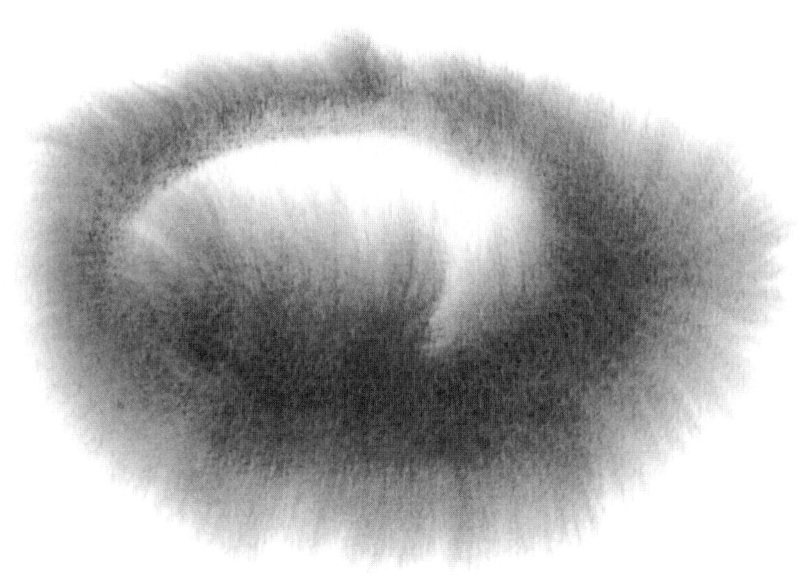

Explosives Strahlen, langsames Glühen.

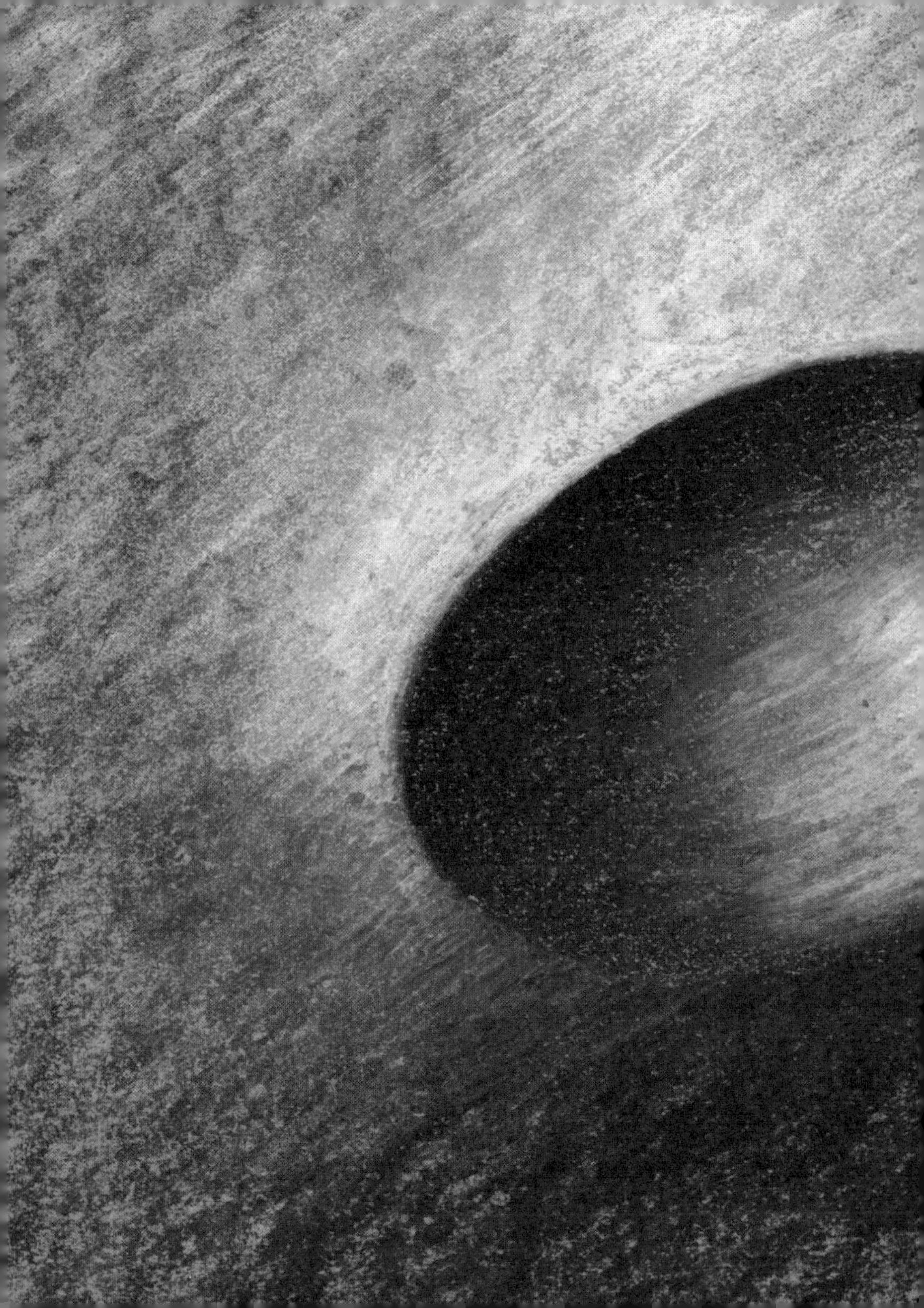

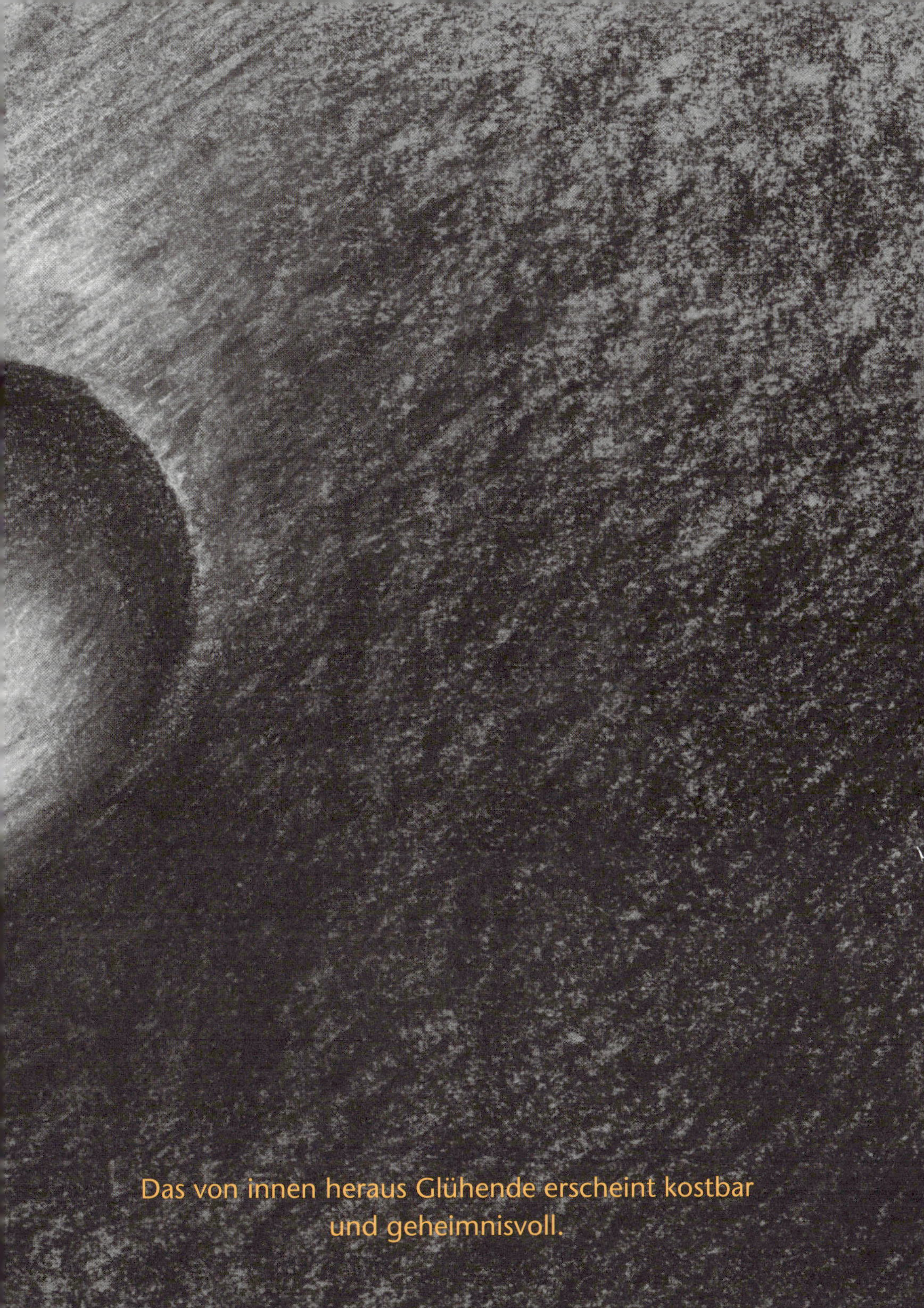

Das von innen heraus Glühende erscheint kostbar
und geheimnisvoll.

Glossar

Blaue Stunde
In dieser Stunde während der Morgen- oder Abenddämmerung hat der klare Himmel seine tiefblauste Färbung. Die Helligkeit künstlicher Lichtquellen und des restlichen Tageslichts sind im Gleichgewicht.

Gegenlicht
Gegenlicht blendet, im Extremfall schmerzt es. Gegenlicht hinterlässt einen starken, aufwühlenden Eindruck, schluckt aber auch viele Differenzierungen: Oberflächen und Binnenkonturen sind nicht auszumachen, dafür zeichnet sich in den Umrissen jedes Detail scharf ab, solange es nicht überstrahlt wird. Die Kontraste sind kräftig, die Schatten lang. Auf dem Wasser erzeugt Gegenlicht ein vielfaches Glitzern. Eine Person im Gegenlicht wirkt geheimnisvoll, weil sie gleichzeitig angestrahlt wird und für den Betrachter dennoch im Dunklen bleibt. Gegenlicht schafft bedrohliche oder verheißungsvolle Stimmungen, gleichgültig lässt es nicht.

Glitzern, Glamour
Kurze Reflexion einer Lichtquelle in kleinen spiegelnden Oberflächen, die sich bewegen. Deswegen ist es nur ein kurzes, punktuelles Erstrahlen und Aufleuchten, kleine, funkelnde Sternchen, wie auf einer Wasseroberfläche. Glitzern ist im Vergleich zum Glanz billiger und flüchtiger.

Graustufen
Mit den Augen können wir etwas weniger als 100 verschiedene Abstufungen zwischen reinem Weiß und reinem Schwarz unterscheiden. Beim Zeichnen mit Bleistiften und Grafit lassen sich Graustufen durch die Dichte der Schraffuren, den Druck aufs Papier und die Bleistifthärte steuern. Viele verschiedene Graustufen geben der Zeichnung ein weiches Licht und differenzieren die Oberflächen. Sind dagegen wenige Graustufen vorhanden, sind die Übergänge in den Verläufen abrupter und härter.

Halbschatten
Der Halbschatten ist eine Zone des Übergangs, weder richtig hell noch richtig dunkel. Er entsteht, weil Schatten selten absolut sind: Manche Materialien wie Stoffe oder Blätter absorbieren nur einen Teil des Lichts, lassen das restliche Licht aber durch. Meist lenkt auch eine Menge Streulicht so viel Licht in die Schattenpartien, dass die Dinge nicht vollständig vom Schwarz geschluckt werden. In gestalteten Lichtsituationen wie im Theater können Scheinwerfer aus gegenläufigen Richtungen alle Abstufungen des Schattens steuern.

Hell vor Dunkel
Helle Bildpartien leuchten im Kontrast zu dunklem Hintergrund sehr viel mehr als vor einem hellen Hintergrund. Besonders die Porträtmalerei des Barocks setzt diesen Effekt ein, helle Bildpartien kommen nach vorne, dunkle weichen zurück. Rembrandts und Rubens' dunkle, fast schwarze Hintergrundflächen umrahmen die Gesichter nicht nur, sie verleihen ihnen eine größere Dramatik.

Kernschatten
Weil Schatten mit zunehmendem Abstand vom Objekt an den Rändern diffuser werden, nimmt die Intensität des Schattens nach innen zu. Der dunkelste Bereich eines Schattens ist der Kernschatten. Wandert der Mond durch den Kernschatten der Erde, haben wir eine Mondfinsternis.

Kontrast
Unterschiede und Gegensätze: Kontraste erzeugen Spannung und erregen die Aufmerksamkeit. Meist bezeichnet der Kontrast das Hell-Dunkel-Verhältnis, aber auch Größenunterschiede oder gegensätzliche Farbwerte (komplementäre Farben, kalte und warme Farben). Auch Formen und Oberflächen erzeugen Kontrast. Starker Kontrast wirkt klar und eindeutig, aber auch laut, grell, mitunter aggressiv; eine Stärkung des Kontrasts geht auf Kosten der Zwischentöne.

Leuchten
Bereich im Bild, von dem ein ruhiges, sanftes Licht ausgeht. Leuchten ist meist positiv besetzt, auch sprachlich. Es ist geheimnisvoller und weniger aggressiv als Strahlen, konstanter als Flimmern, optisch kräftiger als Glühen. James Turrell baut leuchtende Licht-Räume, die das Licht selbst thematisieren. Bei Mark Rothko scheint die Farbe von innen heraus zu leuchten.

Lichtfluchtpunkt
Die Strahlen der Sonne treffen annähernd parallel auf die Erde. In der zentralperspektivischen Darstellung münden parallele Linien in einem Fluchtpunkt. Bei Bodenlinien liegt dieser Fluchtpunkt auf dem Horizont. Da die Sonne nur zur Mittagszeit und über dem Äquator senkrecht zur Erde steht, treffen ihre Strahlen meistens schräg auf die Erde. Ist die Sonne nicht im Bild, d. h. im Rücken des Betrachters, münden die Sonnenstrahlen in einen Fluchtpunkt unterhalb der Horizontlinie, im Lichtfluchtpunkt. Und zwar genau senkrecht unter dem Schattenfluchtpunkt. Der liegt auf der Horizontlinie, weil die Schattenlinien am Boden sind. Der Schnittpunkt dieser beiden Fluchtlinien aus Licht und Schatten definiert die Länge des Schattens.

Mitlicht

Die Sonne steht im Rücken des Betrachters. Dieser steht somit zwischen Objekt und Lichtquelle. Genau anders herum ist die Gegenlichtsituation: Hier steht das Objekt zwischen Lichtquelle und Betrachter.

Projektion

Auch wenn der Schatten sich vom Objekt löst, trifft er irgendwo auf – oder er verliert sich im Weltraum. Die Formen losgelöster Schatten sind manchmal eigenartig verzerrt und rätselhaft. Vor allem die Möglichkeit, ausgehend von kleinen Figuren große Schatten zu projizieren, lädt ein zu komischen und überraschenden Effekten.

Schattenfluchtpunkt

Er liegt auf dem Horizont, bei Gegenlichtsituationen senkrecht unter der gezeichneten Sonne. Bei Mitlichtsituationen liegt er senkrecht über dem Lichtfluchtpunkt, weil die Sonne selbst nicht im Bild ist. Die Schattenlinien der senkrechten Objektkanten und ihre gedachten Verlängerungen (Schattenfluchtlinien) münden in ihm.

Schattenspiele

Schatten von Händen, Gegenständen oder ausgeschnittenen Figuren oder Formen werden auf eine helle Fläche geworfen. Eine punktförmige Lichtquelle erzeugt scharfe Schatten, auch wenn der Schatten werfende Gegenstand weit von der Projektionsfläche entfernt ist. Bei einer diffusen Lichtquelle, wie z. B. Kerzen, muss der Gegenstand nah bei der Projektionswand sein, um scharf zu erscheinen. Das bewegte Spiel mit der Projektion von Schatten gilt als Urform des Kinos und wurde bereits im 11. Jahrhundert in China aufgeführt.

Silhouette, Schattenriss

Weit verbreitete Methode, um ein realistisches, naturnahes Profilporträt durch die Umrisslinie zu erhalten. Das billige, kunstferne Image hat die Silhouette ihrem Namensgeber zu verdanken (Etienne de Silhouette, französischer Finanzminister, 1709 bis 1767), der seine Wohnung aus Geiz mit schwarzen Umrissattrappen von Möbeln ausstatten ließ. Erst um 1860 wurden die Schattenrisse von der aufkommenden Fotografie verdrängt.

Simultankontrast

Ein identischer, mittlerer Grauwert wirkt in einer schwarzen Fläche heller als in einer weißen. Das Auge vergleicht die beiden Grauwerte miteinander und verstärkt automatisch den Kontrast, sodass es zu der Verschiebung in der Wahrnehmung kommt.

Streulicht

Gegenstände reflektieren einen Teil des Lichts, dem sie ausgesetzt sind. Dieses Streulicht breitet sich in alle Richtungen aus und beleuchtet auch Schattenpartien, die dadurch heller und weicher werden. Würden die meisten Lichtsituationen nicht viel Streulicht erzeugen, würden wir uns im Schatten nur schwer zurechtfinden.

Textur

Licht sieht auf verschiedenen Oberflächen unterschiedlich aus, weil jedes Material das Licht auf eine spezielle Weise bricht; durch genaue Schraffuren lässt sich die Reflexion des Lichts so wiedergeben, dass weiche von rauen, pelzige von glatten, nasse von ausgedörrten Oberflächen unterschieden werden können.

Tontrennung

Die Grauwerte eines Bildes werden reduziert und zu festgelegten Werten zusammengefasst. So ergibt sich ein Bild aus homogenen grauen Flächen. Je mehr Stufen, desto differenzierter sind die Abstufungen zwischen Hell und Dunkel. Bei zwei Stufen gibt es nur zwei Helligkeitswerte, zum Beispiel Schwarz und Weiß. Bei drei Stufen kommt ein mittlerer Grauton hinzu, bei zehn Stufen gibt es Schwarz, Weiß sowie acht verschiedene Grauwerte. Ab etwa 60 Stufen ist kein Unterschied zum Bild mit weichen Übergängen zu erkennen. In der Pop-Art war die Tontrennung ein Verfahren zur Verfremdung. Technisch ist die Tontrennung eine Voraussetzung für den Siebdruck.

Verlauf

Ein möglichst gleichmäßiger Übergang zwischen verschiedenen Farben oder Graustufen. Die scharfe Grenze zwischen harten Kontrasten wird mit Verläufen aufgelöst. Weiche Zeichenmittel wie Kohle oder Rötel sind bestens für Verläufe geeignet, da sie sich leicht verwischen lassen. Mit Ölfarben wird nass in nass gemalt, die Farben sind also nicht vollständig auf der Palette gemischt, sondern auch im Bild.

Weißhöhung

Auf einem getönten Papier wird mit einer Farbe, die heller ist als der Untergrund, in die Lichter und mit dunklerer Farbe in die Schatten gearbeitet. So können Lichter rasch angelegt werden, ohne dass ein Ausarbeiten des Hintergrunds nötig ist. Auch wenn nur an wenigen Stellen Glanzlichter angebracht werden, ist die Methode wirkungsvoll. Rubens nutzte auch in der Ölmalerei getönte Grundierungen auf Leinwänden. Zur Weißhöhung auf Papier eignet sich Pastellkreide, weiße Tusche, Aquarellfarbe oder Gouache. Zinkweiß lasiert, Titanweiß deckt.

Bisher erschienen von Tim Proetel und Peter Boerboom im Haupt Verlag:

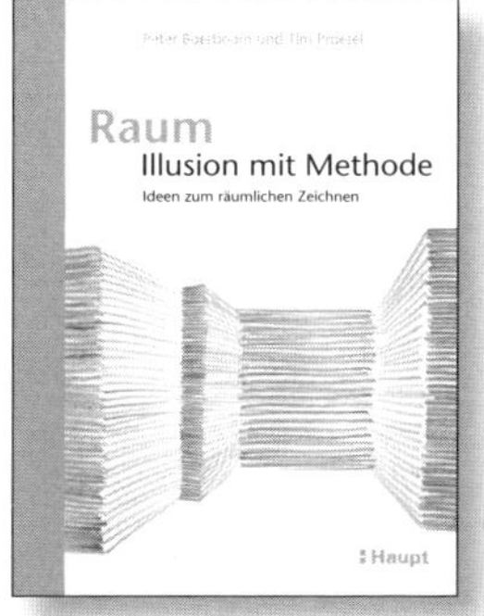

Es ist so banal wie verblüffend: Richtig gesetzt, erzeugen wenige Striche auf Papier bereits Räumlichkeit, genauer: die Illusion von Raum. Das Interesse am räumlichen Zeichnen mag zunächst der Absicht entspringen, die sichtbare Wirklichkeit abzubilden. Tiefe zu erzeugen, ist jedoch ein faszinierendes Thema in jeder bildnerischen Gestaltung.

Raum: Illusion mit Methode. 160 Seiten, gebunden, 978-3-258-60065-9

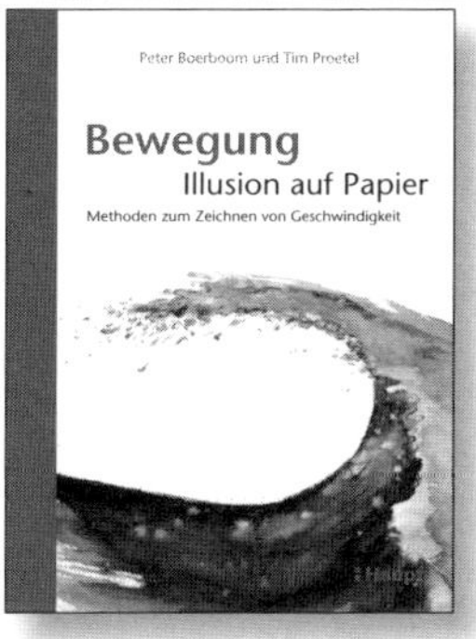

Obwohl gezeichnete Striche sich nicht verändern, sehen wir in ihnen Bewegung und den lebendigen Verlauf von Zeit. Einfache Methoden bringen die Dinge in Schwung: verwischte, unscharfe oder aufgelöste Bereiche, das Wissen um die Schwerkraft und das Spiel mit dem Zeichenmaterial. Impulsive Linien unterscheiden sich von zögerlichen, die große Geste zeigt sich anders als der suchende Strich.

Bewegung: Illusion auf Papier. 192 Seiten, gebunden, 978-3-258-60108-3

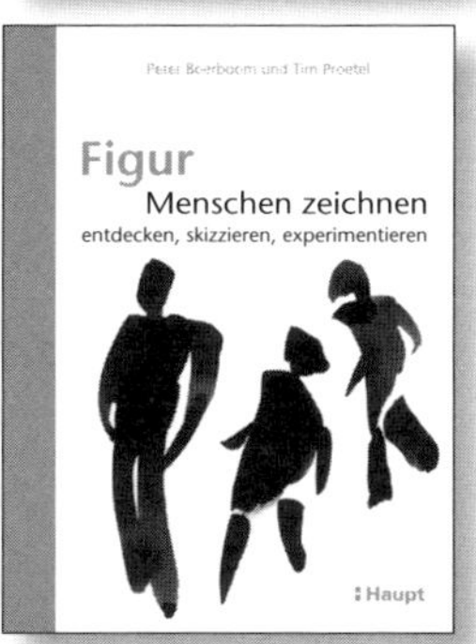

Ein Bild des Menschen zu machen, ist ein nie endendes Thema in der Kunst; unsere Abbilder überdauern, erzählen von unserer Zeit, unserem Leid und unseren Träumen. Eine Figur zu skizzieren, heißt, sie einzufangen, sie wie einen flüchtigen Gedanken zu fixieren und auf ein Blatt Papier zu bannen. Die Sammlung an spielerischen Methoden lädt Einsteiger und Profis ein, die Lust am figürlichen Zeichnen zu entdecken und selbst loszulegen.

Figur: Menschen zeichnen. 192 Seiten, gebunden, 978-3-258-60137-3

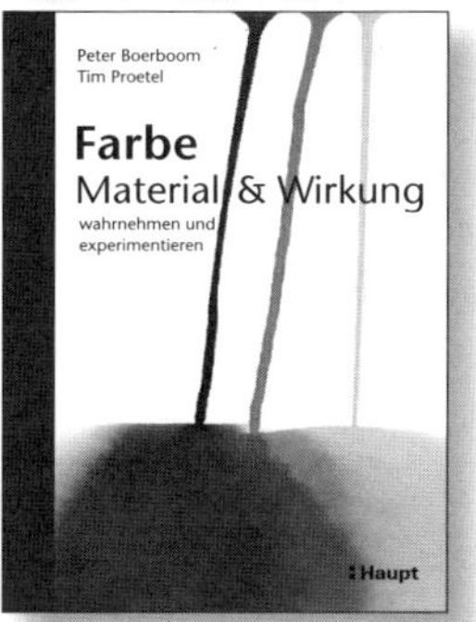

Farben sind auffällig, sinnlich und einprägsam. Sie schmücken, beruhigen, berühren oder verwirren. Diese Sammlung an Experimenten und Übungen lädt Einsteiger und Profis dazu ein, die Möglichkeiten der Farbverwendung in Bildern zu erkunden. Dabei spielt die Doppelnatur von Farbe eine wichtige Rolle: als Malmaterial aus Pigment und Bindemittel und als immaterielle Erscheinung, ob leuchtend bunt, sanft oder gedeckt.

Farbe: Material und Wirkung. 192 Seiten, gebunden, 978-3-258-60167-0

Peter Boerboom und Tim Proetel studierten zwischen 1991 und 1998 an der Akademie der Bildenden Künste München bei Prof. Sauerbruch. Es verbindet sie eine lange Freundschaft, die immer wieder zu gemeinsamen Arbeiten führt. Das vorliegende Buch ist das Ergebnis vieler Zeichnungen und Diskussionen darüber. Sieben Bände zu Raum, Licht, Bewegung, Figur, Farbe, Linie und Punkte sind bereits erschienen, weitere Bände zu neuen Themen sind im Entstehen.

Peter Boerboom studierte außerdem Kommunikationsdesign an der Fachhochschule für Gestaltung in München. Er ist Gründungsmitglied der Künstlergruppe *Department für öffentliche Erscheinungen* und realisiert gemeinsam mit Carola Vogt Kunst- und Fotografieprojekte.

Tim Proetel unterrichtet Kunst am Richard-Wagner-Gymnasium in Bayreuth und wirkt als Fachreferent für die Gymnasien in Oberfranken an der Weiterentwicklung des Fachs Kunst mit.

2. Auflage: 2024
ISBN 978-3-258-60288-2

Zeichnungen, Gestaltung und Satz: Peter Boerboom, D-Münsing,
und Tim Proetel, D-Bayreuth
Lektorat: Heidi Müller, CH-Bern

Dieses Buch wurde auf dem Papier Munken Lynx gedruckt. Wir verwenden FSC®-zertifiziertes Papier. FSC® sichert die Nutzung der Wälder gemäß sozialen, ökonomischen und ökologischen Kriterien.
Gedruckt in Tschechien

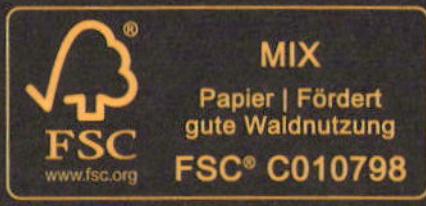

Diese Publikation ist in der Deutschen Nationalbibliografie verzeichnet.
Mehr Informationen dazu finden Sie unter http://dnb.dnb.de.

Der Haupt Verlag wird vom Bundesamt für Kultur für die Jahre 2021–2024 unterstützt.

Wir verlegen unsere Bücher mit Freude und großem Engagement. Daher freuen wir uns immer über Anregungen zum Programm und schätzen Hinweise auf Fehler im Buch, sollten uns welche unterlaufen sein.
www.haupt.ch